A obrigação como processo

Clóvis V. do Couto e Silva

A obrigação como processo

Clóvis V. do Couto e Silva

ISBN 85-225-0581-0

Copyright © 2006 Clóvis V. do Couto e Silva

Direitos desta edição reservados à
EDITORA FGV
Rua Jornalista Orlando Dantas, 37
22231-010 — Rio de Janeiro, RJ — Brasil
Tels.: 0800-021-7777 — 21-3799-4427
Fax: 21-3799-4430
e-mail: editora@fgv.br — pedidoseditora@fgv.br
web site: www.fgv.br/editora

Impresso no Brasil / *Printed in Brazil*

Todos os direitos reservados. A reprodução não autorizada desta publicação, no todo ou em parte, constitui violação do copyright (Lei nº 9.610/98).

Os conceitos emitidos neste livro são de inteira responsabilidade do autor.

1ª edição — 2006; 1ª reimpressão — 2007; 2ª reimpressão — 2008; 3ª reimpressão — 2009; 4ª reimpressão — 2010; 5ª reimpressão — 2011; 6ª e 7ª reimpressões — 2012; 8ª reimpressão — 2013; 9ª reimpressão — 2014; 10ª reimpressão — 2015; 11ª e 12ª reimpressões — 2017; 13ª reimpressão — 2018; 14ª reimpressão — 2019; 15ª reimpressão — 2020; 16ª reimpressão — 2021; 17ª reimpressão — 2022; 18ª reimpressão — 2024; 19ª reimpressão — 2025.

Revisão de originais: Thalita Prado da Silveira

Editoração eletrônica: FA Editoração

Revisão: Fatima Caroni e Marco Antonio Corrêa

Capa: aspecto:design

Ficha catalográfica elaborada pela Biblioteca
Mario Henrique Simonsen/FGV

Silva, Clóvis do Couto e, 1930-1992
A obrigação como processo / Clóvis V. do Couto e Silva — reimpressão — Rio de Janeiro : Editora FGV, 2006.
176p.

Originalmente apresentado como tese do autor (livre-docência — Universidade Federal do Rio Grande do Sul, Faculdade de Direito, 1964).
Inclui bibliografia.

1. Obrigações (Direito). I Fundação Getulio Vargas. II. Título.

CDD — 342.14

Sumário

Apresentação   7

Prefácio   9

Introdução   17

Capítulo I — Os princípios   23
   Autonomia da vontade   24
   Boa-fé   32
   A separação entre a fase do nascimento e desenvolvimento dos deveres e a do adimplemento   43

Capítulo II — A obrigação como processo   63
   A crise da teoria das fontes   65
   Fontes das obrigações   71
   Estrutura e intensidade do processo obrigacional   81
   Teoria da impossibilidade   98

Capítulo III — Desenvolvimento do vínculo obrigacional   115
   Obrigações de dar e de restituir   116
   Obrigações de fazer e de não fazer   124
   Obrigações genéricas   138
   Obrigações alternativas e com *facultas alternativa*   156
   Obrigações duradouras   163

Conclusão   167

Bibliografia   171

Apresentação

> *"Toda releitura de um clássico é uma leitura de descoberta como a primeira. Toda primeira leitura de um clássico é na realidade uma releitura."*
> (Italo Calvino, *Por que ler os clássicos*)

Este é o primeiro fruto de um projeto editorial que tem por objetivo ampliar o acesso do público leitor a obras clássicas da dogmática de direito privado nacional que, por inúmeras razões, estão fora de catálogo já há alguns anos. A expressão "obra clássica" aqui é aplicada a "livros que, quanto mais pensamos conhecer por ouvir dizer, quando são lidos de fato mais se revelam novos, inesperados, inéditos", conforme uma das definições sugeridas por Italo Calvino.

Com esse projeto pretende-se contribuir para o debate acerca do papel desempenhado por um determinado grupo de profissionais da área jurídica, os advogados, na formação da dogmática de direito privado no Brasil. É verdade que nossa forte tradição praxística nos legou uma dogmática de baixo teor auto-reflexivo que corresponderia ao que, no *Espírito do direito romano*, Rudolf Ihering denominou "jurisprudência inferior", satisfeita apenas em dissipar obscuridades e descartar contradições aparentes, revelando, desse modo, o que seria a real vontade da lei e cuja forma habitual de manifestação ainda é o manual ou curso de direito que, em pleno século XXI, faz uma péssima exegética vazada nos moldes do século XIX. Entretanto, também é verdade que essa tradição praxística permitiu o surgimento de obras que conseguiram aliar reflexões teóricas de alta qualidade à profunda imersão nos problemas apresentados pela realidade prática como exemplo daquilo que, na mesma obra, Ihering chamava de "jurisprudência superior", preocupada com todo um trabalho de organização dos modelos que compõem o sistema jurídico, com vistas a inventar, a partir da reconstrução dos conceitos jurídicos, novas soluções a serem aplicadas a problemas atuais.

Nessas obras, em que a dogmática se revela como atividade criadora, está registrada uma forma peculiar de produção que não pode ser desconsiderada, sob pena de chancelarmos uma compreensão equivocada de nossa tradição jurídica. Além disso, é em razão das contribuições dessa linhagem de juristas que tem em Teixeira de Freitas um de seus marcos iniciais, com suas construções legislativas congregando inquietações teóricas de alta abstração com a preocupação da formulação de soluções aplicáveis a questões concretas, que se dá hoje a incorporação, pelo atual Código Civil, da "diretriz da operabilidade". Tal diretriz, assim denominada por Miguel Reale, coordenador da comissão responsável pelo anteprojeto de lei que deu origem ao Código Civil, permitiu "dar ao anteprojeto antes um sentido operacional do que conceitual, procurando configurar os modelos jurídicos à luz do princípio da realizabilidade, em função das forças sociais operantes no País, para atuarem como instrumentos de paz social e de desenvolvimento".

Diante disso, parece-nos que um empreendimento educacional com o perfil do Curso Advogado Cível da Fundação Getulio Vargas é indissociável da assunção de certo conjunto de obrigações, entre as quais a de realizar projetos como o que ora se apresenta, pois são essenciais para atender da maneira mais ampla possível dois dos objetivos fundamentais de um curso de pós-graduação *lato sensu*: democratizar o acesso a reflexões teóricas e a construções dogmáticas de alta qualidade e estimular a sua assimilação, para que o profissional do direito obtenha as competências necessárias para enfrentar os desafios que lhe são apresentados pelo mundo contemporâneo. Acreditando que damos neste momento mais um passo importante em direção ao cumprimento dessas obrigações, desejamos a você uma ótima leitura.

André Rodrigues Corrêa
Professor do Curso Advogado Cível — FGV
Coordenador do projeto editorial Relendo a Dogmática

Prefácio

Faz 40 anos da publicação de *A obrigação como processo*, tese apresentada por Clóvis V. do Couto e Silva ao candidatar-se à cátedra de direito civil da Faculdade de Direito da Universidade Federal do Rio Grande do Sul, em 1964. O transcurso desse quase meio século permite, agora, avaliação segura sobre a importância da obra, escrita aos 33 anos pelo jurista gaúcho. Dão testemunho do seu significado, na evolução do direito brasileiro ao longo desse período, as referências sempre mais freqüentes feitas na doutrina e na jurisprudência a posições que ali foram pioneiramente sustentadas e a conceitos que até então eram, se não desconhecidos, pelo menos pouco ou nada valorizados por nossos autores e magistrados.

Nesse quadro, sobressai a noção de boa-fé, que se manifesta "como máxima objetiva que determina aumento de deveres, além daqueles que a convenção explicitamente constitui. Endereça-se a todos os partícipes do vínculo e pode, inclusive, criar deveres para o credor, o qual, tradicionalmente, era apenas considerado titular de direitos" (cap. I, "Boa-fé e o Código Civil", p. 31). O princípio da boa-fé exerce "função harmonizadora, conciliando o rigorismo lógico-dedutivo da ciência do direito do século passado (século XIX) com a vida e as exigências éticas atuais, abrindo, por assim dizer, no *hortus conclusus* do sistema do positivismo jurídico, 'janelas para o ético'" (cap. I, "Boa-fé e direito dos juízes", p. 40).

Foram precisamente concepções ligadas ao positivismo jurídico, profundamente arraigadas em nossa história cultural, que retardaram no Brasil, até que viesse a lume *A obrigação como processo*, o reconhecimento da boa-fé objetiva como princípio eminente do nosso direito das obrigações.[1] Certamente para

---

[1] Mesmo Pontes de Miranda, de marcada formação germânica e que tanto influiu no pensamento de Clóvis do Couto e Silva, não deu à boa-fé objetiva a atenção e a importância que o tema merecera e continua a merecer no direito alemão.

esse atraso muito contribuiu o fato de o Código Civil de 1916 – neste ponto prestando também homenagem ao positivismo jurídico – não se haver referido à boa-fé na acepção objetiva. Limitou-se apenas a considerar, no direito das coisas, a boa-fé subjetiva, muito embora o Código Comercial, no art. 131, I, já dispusesse que "a inteligência simples e adequada, que for mais conforme com a boa-fé, e ao verdadeiro espírito e natureza do contrato, deverá sempre prevalecer à rigorosa e restrita significação das palavras", e o Código Civil alemão, que em tantos outros aspectos serviu de modelo e inspiração ao nosso Código Civil, em dois parágrafos que se tornaram célebres (§242 e §157) houvesse dado à boa-fé objetiva especialíssimo relevo.[2]

"Contudo", observa Clóvis do Couto e Silva, "a inexistência, no Código Civil, de artigo semelhante ao §242 do BGB não impede que o princípio tenha vigência em nosso direito das obrigações, pois se trata de proposição jurídica com significado de regra de conduta. O mandamento de conduta engloba todos os que participam do vínculo obrigacional e estabelece entre eles um elo de cooperação, em face do fim objetivo a que visam. Tradicionalmente o credor tinha sua conduta restringida, embora de modo mais tênue, pela faculdade que possuía e possui o devedor de obliterar, obstaculizar ou encobrir a pretensão através da *exceptio doli generalis* ou *specialis*. O princípio da boa-fé contribui para determinar o *que* e o *como* da prestação e, ao relacionar ambos os figurantes do vínculo, fixa, também, os limites da prestação" (cap. I, "Boa-fé e o Código Civil", p. 31).

Só com o advento do Código de Defesa do Consumidor a boa-fé objetiva ganhou sede na legislação nacional,[3] sendo, por fim, mais claramente enunciada nos arts. 422 e 113 do novo Código Civil.[4]

A compreensão da relação obrigacional como totalidade ou como sistema de processos permite uma melhor e mais adequada intelecção dos elementos que a compõem, unindo-os todos por um laço de racionalidade. O número desses elementos foi expressivamente ampliado, no século XIX, especialmente pela doutrina alemã, ao nos legar "o exame minucioso dos componentes es-

---

[2] BGB, §242 : "O devedor está obrigado a realizar a prestação em conformidade com a boa-fé e com os usos do tráfico"; §157: "Os contratos devem ser interpretados em conformidade com a boa-fé e com os usos do tráfico".
[3] CDC, art. 51: "São nulas de pleno direito, entre outras, as cláusulas contratuais relativas aos produtos e serviços que: (...) IV – estabeleçam obrigações consideradas iníquas, abusivas, que coloquem o consumidor em desvantagem exagerada, ou sejam incompatíveis com a boa-fé ou a equidade".
[4] Código Civil de 2002, art. 422: "Os contratantes são obrigados a guardar, assim na conclusão do contrato, como em sua execução, os princípios de probidade e boa-fé"; art. 113: "Os negócios jurídicos devem ser interpretados conforme a boa-fé e os usos do lugar da sua celebração".

truturais da eficácia jurídica, colocando, ao lado do direito propriamente dito, a pretensão, a ação em sentido material, assim como os direitos formativos e as posições jurídicas, correspondendo aos primeiros o dever, a obrigação e a exceção do direito material". A esse elenco o princípio da boa-fé agregou ainda os deveres anexos (*Nebenpflichte*), secundários ou instrumentais, que podem surgir "durante o curso e o desenvolvimento da relação jurídica e, em certos casos, posteriormente ao adimplemento da obrigação principal. Consistem em indicações, atos de proteção, como o dever de afastar danos, atos de vigilância, de guarda, de cooperação, de assistência" (cap. II, "Deveres secundários", p. 91).

Por certo, a idéia de obrigação como totalidade, ou como estrutura ou forma (*Gefüge*; *Gestalt*), ou da obrigação como processo já era conhecida, sobretudo pelos autores germânicos. Karl Larenz, na introdução do primeiro volume do seu manual clássico sobre o direito das obrigações, trata da "relação obrigacional como estrutura e como processo" (*Das Schuldverhältnis als Gefüge und als Prozeâ*) e acentua esses aspectos.[5] A originalidade de Clóvis do Couto e Silva não está, pois, na identificação dessas peculiaridades da relação obrigacional e nem mesmo, portanto, no título que deu à sua tese, mas sim em ter constituído aquelas peculiaridades em permanente fio condutor de sua análise do nascimento e desenvolvimento do *vinculum obligationis* em todas as suas fases e momentos, sempre polarizado por um fim que é o adimplemento e a satisfação dos interesses do credor.

"E é precisamente a finalidade que determina a concepção da obrigação como processo", diz ele, e, logo após, cuida de destacar a singular importância que tem, no nosso sistema jurídico, a concepção da obrigação como processo, em contraste com o que se verifica no direito alemão, que separa rigidamente os planos do direito das obrigações e do direito das coisas, ou no direito francês e italiano, onde a propriedade se transmite *solo consensu*: "A dogmática atual considera a finalidade que polariza o vínculo como a ele inerente. Em se tratando de ato abstrato, embora exista uma unidade funcional (a *solutio* extingue a obrigação), impede-se, não obstante, a verificação da causa. No sistema de separação absoluta de planos, entre o direito das obrigações e o direito das coisas, a unidade em razão do fim passa a um plano secundário. Dulckeit, em crítica ao sistema do BGB, segundo o qual a alienação *a non domino* é válida,

---

[5] Larenz, Karl. *Lehrbuch des Schuldrechts*. 14. ed. München: Beck, 1987, v. I (*Allgemeiner Teil*), p. 26-29. Registra Clóvis do Couto e Silva, na Introdução da sua obra, que Larenz, entretanto, no curso da sua exposição, não utilizou explicitamente o conceito de obrigação como processo.

em razão da abstratividade do negócio dispositivo, salienta que o problema jurídico do prejudicado, incongruentemente, se desloca, cabendo-lhe apenas a ação de enriquecimento sem causa, e não a reivindicatória. A concepção da obrigação como processo é, em verdade, somente adequada àqueles sistemas nos quais o nexo finalístico tem posição relevante. Tanto nos sistemas que adotam a separação absoluta entre direito das obrigações e direito das coisas, quanto naqueles em que a própria convenção transmite a propriedade, ainda que somente *inter partes*, difícil será considerar o desenvolvimento do dever como um processo. A unidade funcional e a separação relativa de planos, entre direito das obrigações e direito das coisas, é que tornam possível considerar a obrigação como um processo, dando-lhe específico significado jurídico."

O exame dessa separação de planos é feito, em *A obrigação como processo*, com admirável cuidado científico e com ricas contribuições trazidas da história do direito, do direito romano e do direito medieval, no tocante particularmente à teoria da causa.

A cisão entre o negócio jurídico obrigacional, constitutivo do vínculo, e o negócio jurídico de direito das coisas, negócio jurídico de adimplemento, e que tem, obviamente, caráter dispositivo, chamado comumente de "acordo de transmissão", é, antes de tudo, uma exigência lógica. No Brasil, diante do que preceituava o art. 859 do Código Civil de 1916, muito se discutiu se a transmissão da propriedade seria causal ou abstrata, prevalecendo, por fim, nos pronunciamentos dos tribunais, a posição dos que sustentavam sua causalidade. "Estabelecido que a transmissão era causal e que a boa-fé não tinha a virtude de tornar inatacável o domínio adquirido de quem não era proprietário, desprezou-se a fundamentação dogmática que essa posição deveria forçosamente exigir" (cap. I, "A causa no direito moderno e o problema de separação de planos", p. 52.)

A elaboração de tal fundamentação dogmática foi realizada por Clóvis do Couto e Silva com mão de mestre, ao traçar, no direito brasileiro, em contraste com o direito alemão, o perfil do negócio obrigacional, que dá nascimento aos deveres, e o do negócio de direito das coisas, que se endereça à extinção daqueles deveres pelo adimplemento, sendo importante definir, nesse contexto, o momento em que se identifica a manifestação volitiva que dá conteúdo e origem a um e outro. Para alguns, o negócio obrigacional (e.g., a compra e venda) tem dupla eficácia, projetando efeitos tanto no campo do direito das obrigações quanto no do direito das coisas, inexistindo, conseqüentemente, no Brasil, o "acordo de transmissão", que seria próprio do sistema alemão. Nesse esquema conceitual, a compra e venda já é vista como negócio jurídico de adimplemento. No entanto, registra Clóvis, a exigência da titularidade do poder de disposição é requisito de eficácia do adimplemento, nos termos do art. 933 do Código Civil de 1916 (atual art. 307), e não da compra e venda. Além disso, não se discute que a tradição, modo de aquisição de bens móveis, não é negócio jurídico, mas sim ato-fato jurídico ou ato real (*Realakt*), não tendo e não podendo ter, assim, caráter dispositivo e nem podendo igualmente ser condicionado. Bem se vê, pois, que será forçoso admitir a existência de um outro negócio jurídico, "situado entre a compra e venda (obrigacional) e a tradição (direito das coisas), entre o *titulus* e o *modus adquirendi*". Uma vez, porém, que o acordo de transmissão, entre nós, é negócio jurídico causal, e não abstrato, como ocorre no sistema germânico, não há como deixar de reconhecer que a vontade que lhe é indispensável "deve ser considerada co-declarada no negócio de compra e venda" (idem supra).

    Creio que não me engano ao atribuir também a Clóvis do Couto e Silva a primazia, entre nossos doutrinadores, no tratamento da teoria da subsunção e da questão das lacunas e cláusulas gerais em sistemas jurídicos abertos, à luz dos trabalhos então ainda muito recentes de Esser (*Grundsatz und Norm*), Viehweg (*Topik und Jurisprudenz*), Larenz (*Methodenlehre der Rechtswissenschaft*), Engisch (*Einführung in das juristische Denken*), Coing (*Zur Geschichte des Privatrechtssystems*), Wieacker (*Gesetz und Richterkunst*), que se tornariam, depois, todos eles, clássicos da teoria geral do direito.

    Aliás, essa intimidade com a ciência jurídica alemã e as numerosas citações feitas em *A obrigação como processo* de autores e obras germânicos desgostaram a alguns integrantes da banca examinadora, por ocasião da defesa da tese, os quais perguntaram a Clóvis, com alguma irritação, por que fazia tão abundantes referências aos alemães. A essa objeção, o jovem candidato respondeu que não lhe parecia pecado conhecer alemão e o que lhe interessava era o valor científico das obras e não a língua em que eram escritas.

    A inclinação pelo estudo da ciência jurídica alemã foi despertada em Clóvis quando aluno do professor Ruy Cirne Lima, também na Faculdade de Direito da Universidade Federal do Rio Grande do Sul, e pelos contatos pessoais que, depois de formado, continuou a manter com aquele eminente mestre, notável, entre outras muitas qualidades, pela sua vasta erudição nos mais diversos campos da cultura, jurídica ou geral. Acentuou-se esse pendor com o início da publicação, na década de 50 do século passado, do *Tratado de direito privado*, de Pontes de Miranda, de quem Clóvis era grande admirador, embora a admiração nunca o fizesse perder o senso crítico e a independência de pensamento.

    Essas influências, da ciência jurídica alemã e da obra de Pontes de Miranda, estão confessadas na Introdução de *A obrigação como processo*: "Fundamental, para o nosso direito das obrigações," escreve Clóvis, "é o *Tratado de direito privado* de Pontes de Miranda. Entre os estrangeiros, freqüentemente citados nesta exposição e absolutamente indispensáveis, estão Esser (*Schuldrecht*) e Larenz (*Lehrbuch des Schuldrechts*). A parte geral e o direito das obrigações dos grandes comentários alemães, sobretudo os de Staudinger e de Planck, foram-nos de grande valia, bem como os *Motive* do Código Civil alemão."

Em pontos específicos, porém, há remissões à doutrina italiana, especialmente à *Teoria generale del negozio giuridico*, de Emilio Betti, também um dos autores preferidos por Clóvis, várias vezes mencionado, ou à doutrina francesa, como no concernente ao discrime entre "obrigações de meios" e "obrigações de resultado". É constante, ainda, o exame dos textos dos nossos principais civilistas, para a necessária comparação crítica de suas opiniões com o sustentado por ele, Clóvis, no seu estudo.

Não se pode esquecer, entretanto, que temas como "contato social", "atos existenciais", "teoria da base do negócio jurídico", "débito e responsabilidade", entre outros versados em *A obrigação como processo*, têm raiz germânica, e que o próprio princípio da boa-fé, embora ligado geneticamente ao direito romano, só ganhou expressão moderna e alcançou o significado que tem atualmente após ser incorporado ao BGB e submetido à análise exaustiva dos comentaristas do Código Civil alemão, recebendo assim os valiosos subsídios da jurisprudência germânica.

É de intuitiva evidência, portanto, que esses temas só poderiam ser tratados ou desenvolvidos em *A obrigação como processo* com apoio na ciência jurídica alemã, embora o autor – apesar das semelhanças de estrutura, por ele observada, entre o BGB e o nosso Código Civil – permaneça sempre consciente das diferenças, muitas vezes profundas, existentes entre os dois sistemas jurídicos. De qualquer modo, as citações de autores alemães nunca são feitas para meramente tentar impressionar o leitor, ou cedendo à tentação inconseqüente de querer mostrar erudição. Elas atendem invariavelmente às exigências dos problemas que são suscitados e têm, assim, uma utilidade funcional no esclarecimento das questões que vão sendo propostas.

Além desses predicados que até agora resumidamente apontei, outro, igualmente importante, de *A obrigação como processo* está, no meu modo de ver, no extraordinário rigor metodológico (a evocar o *ostinato rigore*, lema de Leonardo da Vinci) com que o livro foi concebido e elaborado, apesar da rapidez com que foi escrito, sob a pressão dos prazos fatais do concurso, de que fui testemunha.

A preocupação com a exatidão científica e com as imposições da lógica jurídica perpassa e valoriza toda a obra. É esse apreço pela ciência, pelo método científico e pela coerência do sistema que leva o autor a encontrar solução teórica para os efeitos do pré-contrato de compra e venda de bem imóvel, sem cláusula de arrependimento, quitado e registrado, em oposição à doutrina então dominante e à jurisprudência consolidada dos tribunais.

Para Clóvis do Couto e Silva, a obrigação que resulta de pré-contrato de compra e venda de bem imóvel, sem cláusula de arrependimento, quitado e registrado, é a obrigação de fazer, consistente no chamado contrato definitivo de compra e venda. "O pré-contrato", afirma, parece-me que com inteiro acerto, "não tem a qualificação jurídica de negócio de disposição, pois não se situa no plano do direito das coisas." Desse modo, apesar dos termos do art. 22 do Decreto-lei nº 58, e do entendimento firmado pela jurisprudência, reconhecendo eficácia real ao pré-contrato, reitera Clóvis: "A exata exegese, a nosso ver, está em considerar o pré-contrato como gerador, em princípio de mera obrigação de fazer. Esta é a obrigação principal definidora da categoria".

E acrescenta: "Relativamente à eficácia perante terceiros, decorrente do registro, o fenômeno assemelha-se, para não dizer que se identifica, com o que resulta da pré-notação (*Vormerkung*) dos direitos de crédito do direito germânico. A pré-notação destina-se à segurança do nascimento ou desfazimento de direitos sobre propriedade imóvel, ou que a onerem, permitindo-se inclusive a inscrição de pretensões futuras ou condicionadas. A natureza do direito, após a inscrição no Registro Imobiliário, tem sido, também no direito germânico, objeto de árduo exame. Assim Seckel e Wolff têm-no como 'direito negativo de senhorio ou propriedade', porque o credor, de nenhum modo, tem direito sobre a coisa, mas 'a sua disposição não pode ser prejudicada pelo devedor'. Outros vêem no efeito da pré-notação direito expectativo ou à aquisição, ou mesmo direito à coisa (Gierke, Dernburg e Lehmann). Todavia, a possibilidade de inscrição de pretensões futuras ou mesmo condicionadas parece indicar que do simples registro não pode resultar situação equivalente a direito real. Em matéria de aquisição derivada da propriedade, há a fase do desenvolvimento do vínculo, cuja proteção não deve significar a transformação da própria obrigação em direito real. A eficácia do registro deu nova dimensão ao direito obrigacional, o qual, por vezes, por meio da publicidade, atingirá círculo maior do que as partes e seus herdeiros, ultrapassando o âmbito previsto no art. 928 do Código Civil, que definiu, à época, a extensão da eficácia dos direitos obrigacionais, segundo a doutrina então prevalente. Os efeitos, em algumas hipóteses, serão semelhantes àqueles dos direitos reais. Mas isto não importará admitir a natureza real do direito de crédito. A dogmática possui seus princípios e a qualificação de direito real não pode ser conferida de modo arbitrário pelo legislador. O princípio da separação de planos permite que se possa precisar exatamente se se trata de direito real ou de eficácia superior à comum conferida a determinado direito obrigacional. Do pré-contrato nasce obrigação de fazer, vale dizer que o desenvolvimento se opera na dimensão dos direitos obrigacionais." (Cap. III, "A obrigação de fazer como processo", p. 125-126).

Em consonância com essas idéias e com a pureza dos princípios estão os arts. 463 e 464 do novo Código Civil, pertinentes ao contrato preliminar.

Não posso ter a pretensão de fazer aqui o inventário de tudo o que há de original ou de pioneiro em *A obrigação como processo*. Devo ser breve. Bastará o que já foi dito. Permitam-me, entretanto, apenas mais umas palavras, para concluir.

Conquanto em alguns poucos aspectos a evolução do nosso direito tenha superado afirmações feitas na obra que é agora reeditada, e que estavam, aliás, em harmonia com o entendimento doutrinário e jurisprudencial então vigorante (o que sucede, por exemplo, no tocante aos danos imateriais, entre os quais se inscreve o dano moral), é indiscutível que *A obrigação como processo* é um livro de surpreendente modernidade, sendo tantas e tão variadas as questões nele enfrentadas que possuem vivo e palpitante interesse nos tempos atuais. É desse estofo de modernidade duradoura ou de permanente contemporaneidade que são feitos os clássicos.

Daí a importância dessa reedição. As duas edições anteriores, a de 1964 e a de 1976, estão há muito esgotadas, o que equivale a dizer que existirá certamente, no universo dos estudiosos do direito civil, sejam alunos em nível de graduação ou de pós-graduação, sejam professores, advogados ou magistrados, um número expressivo de pessoas que ainda não tiveram acesso ao livro. A nova publicação terá, portanto, o efeito de colocar essas pessoas em contato com uma obra de grande valor, diria até mesmo fundamental para a compreensão do direito das obrigações, e que irá seguramente ampliar-lhes os horizontes do espírito, servindo-lhes de estímulo para novas pesquisas.

Quero agradecer, por fim, ao mestre e doutorando em direito Marcos de Campos Ludwig pela dedicação com que espontaneamente efetuou o trabalho de digitação, revisão e consolidação do texto, pela análise e comparação das duas edições do livro, pelas notas de atualização que redigiu e pela inserção que fez, entre parênteses, ao lado de cada artigo citado do Código Civil de 1916, do artigo correspondente no novo Código Civil.

Almiro do Couto e Silva

Introdução

A presente obra, *A obrigação como processo*, tem por finalidade salientar os aspectos dinâmicos que o conceito de dever revela, examinando-se a relação obrigacional como algo que se encadeia e se desdobra em direção ao adimplemento, à satisfação dos interesses do credor.

O trabalho divide-se em três capítulos. No primeiro, serão tratados os princípios que se relacionam com as fontes e desenvolvimento posterior da obrigação. No segundo, estudaremos as fontes da obrigação, a estrutura e a intensidade do *vinculum obligationis*, bem como a teoria da impossibilidade, obstáculo ao desenvolvimento da relação obrigacional. Finalmente, no terceiro, será objeto de análise o desenvolvimento da relação obrigacional em espécie.

O adimplemento atrai e polariza a obrigação. É o seu fim. O tratamento teleológico permeia toda a obra, e lhe dá unidade.

A relação obrigacional tem sido visualizada, modernamente, sob o ângulo da totalidade. O exame do vínculo como um todo não se opõe, entretanto, à sua compreensão como processo, mas, antes, o complementa.

Como totalidade, a relação obrigacional é um sistema de processos.[6]

A concepção da relação jurídica como totalidade é relativamente recente. A ela aludiu Savigny, ao definir a relação jurídica como um organismo.

A idéia de totalidade era corrente, no mundo grego, pois se admitia a existência do *logos* da coisa, apesar da completa modificação das partes que materialmente a compunham. E tanto é assim que o cômico Epikarmos anotou, com certa ironia, contra os adeptos da concepção atomística, que, se o todo se modificasse com as alterações sofridas pelas partes, então o devedor poderia

---

[6] Larenz, *Lehrbuch des Schuldrechts*, 1962, v. I, p. 22.

recusar-se a adimplir a sua dívida, sob a alegação de que, desde a conclusão do ato jurídico, pelas modificações físicas por que passara, se havia transformado em outra pessoa.[7]

O conceito de coisa foi, no direito, o catalisador da idéia de totalidade, que preside a divisão das coisas em simples e complexas, e sobretudo aparece nas *universitates rerum* e nos *corpora ex distantibus*. Ao influxo da filosofia grega, coube aos juristas romanos elaborar a teoria dos bens. Não nos parece oportuno examinar, aqui, os diversos estágios atravessados pela concepção de totalidade, como aplicação do idealismo platônico, do pensamento aristotélico ou do realismo conceitual estóico. Basta sinalar que apenas em nossos dias passou-se a considerar o vínculo obrigacional como um todo, o qual, muitas vezes, não se altera ou modifica com certas alterações e modificações sofridas pelas partes. Por esse motivo, o adimplemento de um crédito determinado pode não extinguir, ou modificar, a relação jurídica.

Essa concepção ressurge só no início do presente século, quando, pela superação das idéias atomísticas, passou a ter papel significativo o conceito de totalidade. Driesch, na biologia, e Ehrenfels, na psicologia, fizeram dele importantes aplicações.[8]

Depois da exaustiva análise a que foi submetido o conceito de relação jurídica, no século XIX, notadamente com a Pandectística, orienta-se agora a ciência do direito para o tratamento do vínculo como totalidade, transcorridos quase dois milênios da aplicação do mesmo conceito à teoria dos bens.

O século precedente legou-nos o exame minucioso dos componentes estruturais da eficácia jurídica, colocando, ao lado do direito propriamente dito, a pretensão, a ação em sentido material, assim como os direitos formativos e as posições jurídicas, correspondendo aos primeiros o dever, a obrigação e a exceção do direito material.

Os deveres, na dogmática atual, sofreram ainda divisão em deveres principais e secundários (anexos ou instrumentais), e em dependentes e independentes.

---

[7] Sokolowski, *Die Philosophie im Privatrecht*, 1907-1959, v. I, p. 38.
[8] Brugger, *Philosophisches Wörterbuch*, 1953, p. 95. No século XIX, a concepção de totalidade se endereçava ao exame das relações entre o particular e o Estado, e daí decorriam diversas idéias organicistas. Dessa idéias derivava o conceito de pessoa e o condicionamento dos direitos subjetivos pelos deveres (Trendelenburg, *Naturrecht*, 1868, p. 196 e segs.). Veja-se a análise atual das diferentes correntes de pensamento em Messner, *Naturrecht*, 1958, p. 152 e segs. Todavia o conceito da própria relação jurídica obrigacional, como um todo, não parece que haja sido objeto de maior exame pelos juristas daquele século.

Como conquista científica, ainda que não tenha o mesmo valor prático que resultou da aplicação da idéia de totalidade à teoria dos bens, a compreensão da relação obrigacional como um todo representa, contudo, um grande avanço, lançando luz sobre aspectos ainda não perfeitamente esclarecidos pela teoria do direito.

A relação obrigacional pode ser entendida em sentido amplo ou em sentido estrito. *Lato sensu*, abrange todos os direitos, inclusive os formativos, pretensões e ações, deveres (principais e secundários, dependentes e independentes), obrigações, exceções e, ainda, posições jurídicas.[9] *Stricto sensu*, dever-se-á defini-la tomando em consideração os elementos que compõem o crédito e o débito, como faziam os juristas romanos.

Siber já anotara, partindo da concepção de Savigny da relação como organismo, que o débito e o crédito aparecem no vínculo não como os únicos elementos existentes, mas ao lado de outros igualmente importantes, como os direitos formativos e as posições jurídicas.[10]

A inovação, que permitiu tratar a relação jurídica como uma totalidade, realmente orgânica, veio do conceito do vínculo como uma ordem de cooperação, formadora de uma unidade que não se esgota na soma dos elementos que a compõem.

Dentro dessa ordem de cooperação, credor e devedor não ocupam mais posições antagônicas, dialéticas e polêmicas. Transformando o *status* em que se encontravam, tradicionalmente, devedor e credor, abriu-se espaço ao tratamento da relação obrigacional como um todo.

Definem alguns, como Josef Esser, a relação como uma complexidade, cujo conteúdo não se restringe às diferentes *actiones* (*actio empti*, *actio venditi*, *actio mutui* etc.), pois que o relevante para a definição não é propriamente a proteção jurídica, mas o fim a que se dirige o vínculo.[11]

Por igual, complexidade e complexo têm o mesmo sentido de totalidade e servem para afirmar a mesma idéia, que anteriormente expusemos.

Outros, entretanto, consideram o *vinculum iuris* como uma forma própria, no sentido da teoria da *Gestalt*. Também aí, o todo está antes das partes e não se modifica, embora estas se alterem.[12]

---

[9] Zepos, Zu einer "gestalttheoretischen" Auffassung, *Archiv f. die civ. Praxis*, 1956, v. 155, p. 486.
[10] Idem, p. cit.
[11] *Schuldrecht*, 1960, p. 82.
[12] Zepos, op. cit., p. cit.

Em suma, quer se defina a relação como complexidade,[13] ou como estrutura (*Gefüge*), no sentido hegeliano,[14] ou forma (*Gestalttheorie*),[15] sempre se exprime a mesma idéia.

Sob o ângulo da totalidade, o vínculo passa a ter o sentido próprio, diverso do que assumiria se se tratasse de pura soma de suas partes, de um compósito de direitos, deveres e pretensões, obrigações, ações e exceções. Se o conjunto não fosse algo de "orgânico", diverso dos elementos ou das partes que o formam, o desaparecimento de um desses direitos ou deveres, embora pudesse não modificar o sentido do vínculo, de algum modo alteraria a sua estrutura. Importa, no entanto, contrastar que, mesmo adimplido o dever principal, ainda assim pode a relação jurídica perdurar como fundamento da aquisição (dever de garantia), ou em razão de outro dever secundário independente.

Com a expressão "obrigação como processo", tenciona-se sublinhar o ser dinâmico da obrigação, as várias fases que surgem no desenvolvimento da relação obrigacional e que entre si se ligam com interdependência.[16]

De certa forma tinha presente Philipp Heck essa concepção, ao caracterizar o evoluir do *vinculum obligationis* como o "programa da obrigação".[17]

Karl Larenz chegou mesmo a definir a obrigação como um processo, embora no curso de sua exposição não se tenha utilizado, explicitamente, desse conceito.[18]

A obrigação, vista como processo, compõe-se, em sentido largo, do conjunto de atividades necessárias à satisfação do interesse do credor. Dogmaticamente, contudo, é indispensável distinguir os planos em que se desenvolve e se adimple a obrigação.

Os atos praticados pelo devedor, assim como os realizados pelo credor, repercutem no mundo jurídico, nele ingressam e são dispostos e classificados segundo uma ordem, atendendo-se aos conceitos elaborados pela teoria do di-

---

[13] Esser, op. cit., p. cit.
[14] Larenz, op. cit., v. I, p. 20.
[15] Zepos, op. cit., p. cit.
[16] O termo *processus* era desconhecido dos juristas romanos. Mesmo no campo que hoje se denomina como "processo civil", a expressão era *iudicium*. Daí *ordo iudiciorum privatorum*. *Processus*, de *procedere*, tem origem canonística e indica uma série de atos relacionados entre si, condicionados um ao outro e interdependentes. Com idêntico sentido fala-se, em outros setores, de processo químico, processo crítico, processo histórico (Biscardi, *Processo Romano*, 1963, p. 1).
[17] *Grundriâ des Schuldrechts*, 1974, passim.
[18] *Lehrbuch*, v. I, p. 21.

reito. Esses atos, evidentemente, tendem a um fim. E é precisamente a finalidade que determina a concepção da obrigação como processo.[19]

A dogmática atual considera a finalidade, que polariza o vínculo, como a ele inerente.[20] Em se tratando de ato abstrato, embora exista uma unidade funcional (a *solutio* extingue a obrigação), impede-se, não obstante, a verificação da causa. No sistema de separação absoluta de planos, entre o direito das obrigações e o direito das coisas, a unidade em razão do fim passa a um plano secundário. Dulckeit, em crítica ao sistema do BGB, segundo o qual a alienação *a non domino* é válida, em virtude da abstratividade do negócio dispositivo, salienta que o problema jurídico do prejudicado, incongruentemente, se desloca, cabendo-lhe apenas a ação de enriquecimento sem causa, e não a reivindicatória.[21]

A concepção da obrigação como processo é, em verdade, somente adequada àqueles sistemas nos quais o nexo finalístico tem posição relevante. Tanto nos sistemas que adotam a separação absoluta, entre direito das obrigações e direito das coisas, quanto naqueles em que a própria convenção transmite a propriedade, ainda que somente interpartes, difícil será considerar o desenvolvimento do dever como um processo.[22]

---

[19] O fim se constitui num dos elementos mais fecundos para a sistematização jurídica. Um dos grandes méritos da recepção do pensamento aristotélico no Ocidente foi o de proporcionar a conciliação de diferentes passagens do *Corpus Iuris*. E, entre os muitos conceitos transmitidos pela filosofia aristotélica, certamente um dos mais utilizados foi o de *causa*, notadamente a *finalis*. A *causa finalis*, embora *causa causarum*, era extrínseca ao ato jurídico, resultando longa série de disquisições sobre como separá-la da meramente *impulsiva*, pois esta última não dava margem a uma *condictio*. Já em Baldo, porém, a finalidade é havida como intrínseca em certas hipóteses: "*de natura actus, videtur tacite actum ab utraque parte*" (Glossa Condicionem, ao C. 4, 6, 7 – apud Söllner, *Die causa im Kondiktionen- und Vertragsrecht des Mittelalters*, 1958, p. 62).
[20] Para que o motivo (*causa impulsiva*) seja relevante, é necessário que atenda ao disposto no art. 92 (145) do Código Civil.
[21] *Die Verdinglichung obligatorischer Rechte*, 1951, p. 31-32.
[22] Sobre a dualidade de planos, ver *infra*, capítulo I, "A causa no direito moderno e o problema da separação de planos". A divisão deriva do direito romano, no qual, além do negócio obrigacional, exigia-se, para a transferência de direitos de domínio, a *mancipatio*, a *in iure cessio* ou a *traditio*. O princípio da transferência *solo consensu* foi posto em relevo pelos juristas do direito natural racionalista, como Grócio (*Jus Belli ac Pacis*, 2, 12, §15), Nettelbladt (*Systema Jurisprudentiae Naturalis*, §496), Wolf (*Jus Naturae*, III, c. I, §3.) e outros. Mas, antes deles, alguns pós-glossadores já mencionavam o princípio, como Angelus de Ubaldis, bem como alguns canonistas (vd. Suess, Das Traditionsprinzip, *Festschrift f. Martin Wolff*, 1952, p. 146-147). No direito comparado, adotam o sistema, além da França (art. 711), Portugal, Romênia, Canadá, Itália (segundo Suess, em face dos arts. 922 e 1.470), Japão e Rússia. O mesmo princípio vigia no direito germânico antigo, no qual se fazia a distinção entre *sala* e *investitura*. A *sala* era um contrato de direito real que transmitia, interpartes, a propriedade. Como a *sala*, entretanto, só transmitia a propriedade interpartes, os herdeiros, quando ainda não se houvesse realizado a *investitura*, poderiam exigir a restituição da coisa. Com o tempo, a *sala* foi substituída pela *traditio cartae*, mantendo-se a exigência da *investitura* para transferência de imóveis. Esta última também sofreu modificações, transformando-se, de real que era, em simbólica, através de atos notariais, que tinham o efeito de transmitir a posse. Daí surgiu a *Auflassung* (Mitteis, *Das deutsche Privatrecht*, 1953, p. 76).

A unidade funcional e a separação relativa de planos, entre direito das obrigações e direito das coisas, é que tornam possível considerar a obrigação como um processo, dando-lhe específico significado jurídico.

A atração do dever pelo adimplemento determina mútuas implicações das regras que se referem ao nascimento e desenvolvimento do vínculo obrigacional.

Assim, regras há que se dirigem à prestação, e mesmo ao seu objeto, que produzem conseqüências no desdobramento da relação. E o próprio ordenamento jurídico, ao dispor sobre o nascimento e o desenvolvimento do *vinculum obligationis*, tem presente o sentido, o movimento e o fim da mesma relação, ou seja, o encadeamento, em forma processual, dos atos que tendem ao adimplemento do dever.

Fundamental, para o nosso direito das obrigações, é o *Tratado de direito privado* de Pontes de Miranda. Entre os estrangeiros, freqüentemente citados nesta exposição e absolutamente indispensáveis estão Esser (*Schuldrecht*) e Larenz (*Lehrbuch des Schuldrechts*). A parte geral e o direito das obrigações dos grandes comentários alemães, sobretudo os de Staudinger e de Planck, foram-nos de grande valia, bem como os *Motive* do Código Civil alemão.

Além dessas obras, de caráter geral, encontrará o leitor as indicações sobre as monografias consultadas nas notas ao pé da página.

Capítulo I

Os princípios

O desenvolvimento da relação obrigacional, polarizado pelo adimplemento, está condicionado por certos princípios gerais, ou específicos a cada tipo de obrigação, ou comuns a alguns deles.

Entre os gerais, a nosso juízo, devem-se incluir o da autonomia da vontade, o da boa-fé e o da separação entre as fases, ou planos, do nascimento e desenvolvimento do vínculo e a do adimplemento. A inclusão dos princípios da autonomia da vontade e da boa-fé entre os princípios gerais é comum.

Em nossos dias, cresceu extraordinariamente em importância o da boa-fé, em virtude da revisão por que passou a teoria geral das obrigações, sob o influxo de novas tendências jurisprudenciais e doutrinárias, motivadas, em grande parte, por uma vigorosa reação às concepções do positivismo jurídico. Na verdade, a boa-fé, como princípio geral das obrigações, tem sido submetida a exaustivo exame por parte dos juristas contemporâneos, notadamente por W. Weber, nos *Comentários* de Staudinger ao §242 do Código Civil alemão.

À primeira vista, os princípios enunciados não parecem pertencer à mesma categoria, pois, adotando-se, em parte, classificação que se está tornando clássica,[23] poder-se-ia considerar o princípio da autonomia e o da separação entre a fase do nascimento e desenvolvimento e a fase do adimplemento das obrigações como conceitos gerais empíricos, de tipo técnico-jurídico, e o da boa-fé como conceito nuclear, fundamental ou essencial, relacionado diretamente com valores éticos.

---

[23] Coing, *Grundzüge der Rechtsphilosophie*, 1950, p. 271 e segs.; cf. Larenz, *Methodenlehre der Rechtswissenschaft*, 1960, p. 141.

Mas, em realidade, salvo os conceitos empíricos, de objetos do mundo físico, todos os demais, inclusive os de natureza técnico-jurídica, só ganham sentido para o direito quando relacionados com a justiça, que, de modo geral, lhes é imanente.[24]

Assim, sem falar no princípio da autonomia da vontade e no seu consectário lógico, a declaração, até mesmo o princípio da separação de fases ou planos, da obrigação, que fixa os limites entre o nascimento e desenvolvimento do dever e a sua extinção, tem, em suas raízes, o problema ético do tratamento das transmissões causais, ou abstratas, da propriedade.

Por fim, os três princípios gerais ligam-se por fio lógico, pois tanto o da autonomia quanto o da boa-fé dizem respeito ao nascimento, às fontes e ao desenvolvimento do vínculo obrigacional e o da separação delimita o mundo, a dimensão na qual os aludidos deveres surgem, se processam e se adimplem.

Autonomia da vontade

Do direito romano herdou o direito moderno a maior parte de suas expressões técnicas, de seus institutos e de seus preceitos. O princípio da autonomia da vontade, como é hoje conhecido, não foi, todavia, legado de Roma.

Entende-se por autonomia da vontade a *facultas*, a possibilidade, embora não ilimitada, que possuem os particulares para resolver seus conflitos de interesses, criar associações, efetuar o escambo dos bens e dinamizar, enfim, a vida em sociedade. Para a realização desses objetivos, as pessoas vinculam-se, e vinculam-se juridicamente, através de sua vontade.

A atividade individual, contudo, está sob a vigilância do Estado, ainda que, como emanação da liberdade, a autonomia da vontade se constitua em direito supra-estatal, e não seja, assim, faculdade delegada.[25] Em determinados tipos de Estado, certo é que tal poder se manifesta reduzido, quando reduzida é também a liberdade política.

A mútua relação entre tipo de Estado e autonomia da vontade[26] permite, até certo ponto, suporem-se as razões pelas quais não atingiu o princípio, em

---

[24] Esser, Elementi di diritto naturale nel pensiero giuridico dogmático, *Nuova Rivista di Diritto Comerciale*, v. V, p. 1 e segs., 1952; cf. Viehweg, *Topik und Jurisprudenz*, 1963, p. 69.
[25] Staudinger–Coing, *Kommentar zum Bürgerlichen Gesetzbuch*, 1957, v. I, p. 495.
[26] Flume, *Allgemeiner Teil des Bürgerlichen Rechts*, 1965, v. II (*Das Rechtsgeschäft*), p. 17.

Roma, a posição desfrutada em nossos dias de fundamento da ordem jurídica privada. No mundo romano, deveu-se ao *imperium* dos magistrados o desenvolvimento do direito civil, através do direito honorário. O conceito dinâmico de *actio*, e não o estático de direito subjetivo, ocupava, então, o lugar de centro do sistema jurídico. A determinação do direito pela atividade processual[27] e o rígido formalismo, que marcam caracteristicamente a primeira fase do direito romano, fizeram com que, mesmo no período clássico, a vontade fosse sempre considerada algo fático, não se reconhecendo, à sua autonomia, a posição de princípio jurídico.

No Estado liberal, com a nítida separação entre o Estado e a sociedade,[28] assumiu extraordinário relevo a autonomia dos particulares, sendo-lhes deferida quase totalmente a formação da ordem privada.

Pela teoria do direito, a vontade passou, então, a ser considerada elemento natural para a explicação das figuras jurídicas, extensiva até àquelas que não a pressupunham.[29]

Não há separação tão rigorosa, no Estado moderno, entre Estado e sociedade, pois ambas as esferas, a pública e a privada, se conjugam, se coordenam, "se interpenetram e se completam".[30] É evidente, em nossos dias, que por autonomia da vontade não se designa o poder de criar efeitos jurídicos, baseado somente na vontade de uma ou mais partes, fora de toda habilitação legislativa.

Sobre a faculdade dispositiva das partes, existe o ordenamento jurídico, o qual, mediante a incidência da norma, confere efeitos aos atos dos particulares.

Com relação à faculdade de regramento que possuem os indivíduos, a função do ordenamento jurídico é meramente negativa e limitadora, competindo às partes constituir e determinar o conteúdo do negócio jurídico. Afirma-se,

---

[27] Kaser, *Das altrömische Ius*, 1949, p. 35 e segs.
[28] Vd. Forsthoff, *Lehrbuch des Verwaltungsrechts*, 1958, p. 43.
[29] Sobre os excessos, escreve Waline: "*En France, Cambacères, dans son discours préliminaire sur le 1er. projet du Code Civil, va jusqu'à supposer des conventions tacites pour expliquer les obligations légales. Pour lui lorsqu'une obligation paraît dériver directement de la loi, c'est que celle-ci suppose une convention. Le philosophe Fouillé écrit encore en 1885 que le 'droit contractuel tend à se confondre avec le droit civil tout entier'. Des nombreux jurisconsultes expliquent alors le régime de la succession ab intestato par l'idée de testament tacite, oubliant que la succession ab intestato a partout précédé la succession testamentaire et qu'elle dérive en réalité de l'idée d'une co-propriété familiale qu'enfin il faudrait supposer que le législateur se fût référé pour établir cette sorte de testament que serait la succession ab intestato aux intentions d'une sorte de* homo juridicus *aussi mythique que le fameux* homo economicus" (*L'individualisme et le droit*, 1945, p. 178-179).
[30] Siebert, *Treu und Glauben*, 1959, p. 16.

assim, o dualismo entre fato e norma; entre "conteúdo do negócio jurídico e tratamento jurídico".[31]

A vontade negocial é passível, entretanto, de restrições, quer no momento em que o negócio jurídico se conclui, quer no regramento das cláusulas contratuais. Tais restrições podem ocorrer pela incidência de lei, ou de ato administrativo, ou ainda por motivo de desproporção entre o poder social e o individual.

Restrição à autonomia da vontade no momento da conclusão do negócio jurídico

A liberdade para concluir negócio jurídico é a faculdade que tem cada um de decidir se quer, e com quem quer, realizá-lo.[32] Tal liberdade pode, excepcionalmente, ser restringida, a ponto de transformar o negócio em ato de cogência. É o que ocorre com os denominados "contratos ditados", utilizados em certos tipos de planificação econômica, surgidos nas últimas guerras, como instrumentos para a melhor distribuição de certos produtos ou de determinados bens, considerados básicos.

No que diz respeito, todavia, à escolha do outro sujeito da relação contratual, os exemplos multiplicam-se. A restrição de só poder realizar o contrato com determinadas pessoas decorre de certas condições, legais ou naturais.

Algumas atividades, consideradas imprescindíveis, tais como correios, transportes, água, luz etc., ou são executadas pelo Estado, diretamente, ou mediatamente, no regime de concessão. Opera-se, nesses casos, no plano sociológico, verdadeira coação para contratar, imposta pela necessidade, não tendo os particulares qualquer possibilidade de escolha.

A posição de monopólio legal ou natural, ou ainda a particularidade de ser de interesse geral o serviço, coloca o seu prestador sob o risco de ter de responder por todos os danos causados, se não se quiser obrigar com determinada pessoa, sem fundamento relevante. Importa isso em dizer que ele não pode deixar de contratar, sob pena de ser chamado a satisfazer os prejuízos originados por omissão.[33]

---

[31] Betti, *Teoria generale del negozio giuridico*, 1952, p. 82.
[32] Larenz, *Lehrbuch*, 1962, v. I, p. 44.
[33] Esser, *Schuldrecht*, 1960, p. 36-37. O mesmo pode ocorrer em certas profissões, como na de médico, além de censuras penais, por omissão de socorro.

A subordinação dos negócios jurídicos dos particulares às diretrizes de uma planificação econômica altera, profundamente, a liberdade de contratar, entendida em sentido clássico. A planificação, outrossim, pode não somente modificar os contratos de direito comercial, como interferir nos de direito civil. E não apenas nos celebrados entre pessoas residentes num mesmo país, como também em países distintos, tal como ocorre no "Mercado Comum".

Na planificação econômica – aliás só parcialmente admissível –, certos atos se manifestam externamente como verdadeiros contratos. Mas, materialmente, eis que não há acordo ou declaração de vontade, o nascimento desses contratos, chamados de "contratos ditados", opera-se através de ato de direito público, de ato administrativo.[34] No desenvolvimento e término da relação jurídica, entretanto, vigoram os direitos formativos próprios às relações obrigacionais comuns, como os de resolução, renúncia, rescisão, redibição, denúncia.[35]

Tais contratos, surgidos durante o primeiro conflito mundial e, durante o último, largamente usados nos países totalitários – como meio para disciplinar a economia, resolver problemas sociais como os de habilitação e atender aos esforços de guerra –, com a redemocratização dessas nações, continuaram a ser empregados residualmente, embora dúvidas tenham surgido quanto à sua constitucionalidade.[36]

Nos "contratos ditados", o ato administrativo que lhe dá nascimento está sujeito, obviamente, às regras de direito público, podendo ser impugnado por desvio de poder ou qualquer outro vício. O desenvolvimento da relação contratual, no entanto, é regido pelo direito privado, bem como sua extinção. O ato administrativo, do qual se origina o contrato, é, pois, "formativo de direitos privados".

A interferência da planificação na esfera individual, nos Estados constitucionais, apresenta-se limitada pelos direitos e garantias que a Constituição outorga aos particulares. Por outro lado, para que se possa falar em "contrato ditado", é imprescindível que, nas fases ulteriores do vínculo obrigacional, se deixe margem à vontade dos participantes, o que se manifesta pela existência de direitos formativos, modificativos ou extintivos. Assim, a abolição absoluta desses direitos formativos, no desenvolvimento daquelas relações que o Estado

---

[34] Idem, op. cit., p. cit.
[35] Idem, op. cit., p. cit.
[36] Larenz, *Lehrbuch*, v. I, p. 38; Loeber, *Der hoheitlich gestaltete Vertrag*, 1969, especialmente p. 45 e 101 e segs.; Raiser, *Die Zukunft des Privatrechts*, 1971, p. 25.

estabelece, e nas quais ele é também parte, transformaria a figura jurídica em requisição de serviços ou de bens, só admitida nos casos e na forma em que a Constituição a permite. A ordem de subordinação absoluta exclui a idéia de contrato.

Restrição à autonomia da vontade para o regramento das cláusulas contratuais

A liberdade de dar conteúdo ao negócio jurídico tem sido grandemente alterada. No direito das obrigações, o princípio dominante é o da livre formação de tipos. Contrariamente ao que ocorre em outros setores do direito, no das obrigações não é extenso o número de normas imperativas.

As partes podem organizar como lhes aprouver o conteúdo do negócio jurídico e não estão vinculadas, como ocorre com os direitos reais, a um *numerus clausus*.

O direito real é absoluto por natureza e, como cautela, impõe-se sua fixação em número diminuto. Historicamente, todavia, nem sempre tiveram os direitos reais estrutura típica, bastando lembrar que no antigo direito germânico vigorava o princípio de sua livre formação.[37]

Atualmente, porém, a importância da propriedade e a circulabilidade dos bens impedem que assim seja, ao contrário do que sucede no direito das obrigações. Esta, aliás, uma das notas mais significativas, para o discrime entre os dois campos.

Exemplo frisante da limitação da liberdade de dar cláusulas ao negócio jurídico é o da fixação de preços para certas utilidades. O ato administrativo que, com base em lei especial, determina o preço altera as obrigações em curso no contrato.

Dentro da filosofia do Estado liberal, atos dessa natureza seriam inadmissíveis, por existir, como já notamos, a separação nítida e quase absoluta entre Estado e sociedade. É manifesto, porém, que tal separação não dizia respeito a todos os aspectos, pois, do contrário, não se poderia compreender em que consistiriam as funções do Estado. Este intervinha para tornar orgânicos, na vida social, os princípios apregoados pelo liberalismo e erradicar tudo aquilo

---

[37] Afirma Heusler: "*Secondo alcuni tutti i diritti reali attuati con la Gewehre sarebero stati diritti reali: perciò anche la locazione, il mutuo, il comodato, il deposito*". Cf. Barassi, *Diritti reali e possesso*, 1952, v. I, p. 49.

que se vinculasse à estruturação de classes ao estilo do sistema feudal. A ingerência do Estado efetuava-se no sentido da igualdade, no do nivelamento, no da generalização dos princípios políticos decorrentes da inserção dos *Bill of Rights* nas cartas constitucionais.

Modernamente, o Estado possui funções de formador subsidiário do meio econômico e social, exarando normas que se dirigem à planificação de certas atividades dos particulares, em determinados momentos, e editando, por vezes, legislação marginal ao fenômeno sociológico do mercado.

No desempenho dessas prerrogativas, derivadas do conceito de Estado social, praticam-se atos *iure imperii*, destinados a alterar e ajustar os negócios privados, afeiçoando-os à política governamental. Alguns desses atos refletem-se nas relações obrigacionais, como aqueles, por exemplo, que fixam preços: estipulando as partes preço superior ao constante da tabela, é nula a estipulação, e, se a fixação de preço ocorrer na vigência do contrato, o preço convencionado será reduzido ao montante previsto na determinação administrativa.

Com relação à incidência de leis limitadoras do poder de regulamentar cláusulas, discute-se a aplicação de certas garantias e direitos individuais, previstos, entre nós, no art. 5º da Constituição de 1988. O dissídio de opinião iniciou-se em torno dos denominados *restrictive covenants*,[38] isto é, de cláusulas que impossibilitem, por exemplo, seja efetuada sublocação para pessoas de determinada raça ou cor. Postular-se-ia a aplicação, numa relação contratual de direito privado, entre particulares, de uma garantia que se parece dirigir, tão-somente, aos vínculos entre Estado e indivíduo.

Por certo, existem determinados direitos inalienáveis, como os de decisão em questões de crença e consciência, como os direitos à vida ou à liberdade individual, que se manifestam tanto perante o Estado quanto perante os indivíduos *ut singuli*. Qualquer contrato, em que se abolisse ou restringisse um desses direitos, seria, *ipso facto*, nulo.

Mas também direitos de outras categorias, assegurados na Constituição, aplicam-se às relações entre particulares. Não seria exato, entretanto, pensar que todas as disposições constitucionais, endereçadas ao indivíduo, refletem-se de forma imediata no direito civil ou comercial. Geralmente, faz-se mister a existência de lei ordinária.[39]

---

[38] Buchanan v. "Warley", 1917, 245 US 60; Harmon v. Tyler, 1927, 273 US 668.
[39] Esser, *Schuldrecht*, p. 15; Larenz, *Lehrbuch*, p. 57; Siebert, *Treu und Glauben*, p. 16.

Os negócios jurídicos do tipo dos *restrictive covenants* não ferem apenas o princípio constitucional da igualdade perante a lei, mas infringem também princípio de direito que é limite da autonomia da vontade: o dos bons costumes.[40] A nulidade, portanto, dessas convenções vincula-se a princípio geral de direito de conteúdo dinâmico. Em alguns setores, como no direito das sociedades, considera-se hoje imanente o axioma do igual tratamento.

Finalmente, a faculdade de determinar o conteúdo do negócio jurídico pode ainda ser restringida em razão do desnível de poder econômico, do qual decorre a fixação unilateral das condições gerais do contrato, como sucede nos de adesão.

O poder econômico, no plano sociológico, altera sensivelmente, ou até mesmo anula, a faculdade de uma das partes estabelecer cláusulas ao negócio jurídico, influindo não apenas nos contratos celebrados entre empresas e indivíduos, mas também entre sociedades, pelos efeitos da sua concentração.

A liberdade absoluta de contratar, sem legislação marginal ao mercado, que harmonizasse as forças econômicas em litígio, ocasionou, nos países altamente industrializados, profundas restrições ao princípio da autonomia da vontade. Os particulares se viam não só forçados a não poder escolher com quem contratar – *Organisationzwang* –, como igualmente se lhes impossibilitava o diálogo a respeito do conteúdo do contrato.[41]

Logo, entretanto, manifestou-se reação legislativa em todos os países ocidentais, no sentido da liberdade de concorrência, contra o monopólio e os contratos reveladores de práticas monopolísticas.[42]

---

[40] Flume, Allgemeiner, 1965, v. II, p. 22.
[41] Lehnich, *Die Wettbewerbsbeschränkung*, 1956, p. 50.
[42] Idem, p. 51. A luta contra a concentração do poder econômico começou cedo. A *common law* propiciou o arsenal conceitual, proibindo, desde o século XVI, os contratos *in restraint of trade*, por lhes faltar, para a validade – dizia-se – uma *good consideration*. As leis nesse sentido, principalmente nos Estados Unidos, multiplicaram-se, a partir do *Sherman Act*, 1890. Na França, o preceito do Código Civil, art. 1.133, de que a causa "*est proibée par la loi quand elle est contraire aux bonnes moeurs ou à l'ordre publique*" foi aplicado aos atos que afetassem a livre concorrência. No direito alemão, embora a doutrina se esforçasse em afirmar a proibição desses atos, em razão da cláusula que estabelece a nulidade dos atos contra os bons costumes, a jurisprudência entendeu que, perante a mencionada regra, os sistemas de monopólio ou de livre concorrência eram indiferentes. As práticas monopolísticas ensejaram o surgimento de contratos que impedem a escolha do *alter*, como nos chamados *tying contracts*, bem como o estabelecimento de algumas cláusulas com eficácia perante terceiros, tal como ocorre na fixação de preços para revenda. Sobre este último aspecto, vd. Michael R. Will, *Resale price mantenance*, 1961, p. 40 e segs.

Apesar disso, as exigências do tráfico econômico moderno têm mantido, como fenômeno irreversível, os chamados contratos de adesão, nos quais apenas uma das partes estabelece as condições do contrato e a outra a elas se submete.

Já se percebe, desse quadro sumário, que o meio social não apresenta, hoje, a face que apresentava no século passado.

A construção sistemática do direito, tal como a empreenderam os pandectistas, procurou estender uma rede de princípios rígidos, os quais, praticamente, não comportavam exceções. Princípio dominante era o da autonomia da vontade e, conceito central do sistema, o de negócio jurídico. A prodigiosa sistematização então elaborada supunha, ainda, um mundo jurídico sem lacunas e uma firme teoria das fontes das obrigações.

O século XX trouxe, entretanto, outros problemas, os quais, por um lado, limitaram a autonomia da vontade, enquanto outros vieram a se refletir na teoria das fontes das obrigações, enriquecendo-a.

Além dos contratos de adesão, conseqüência do fenômeno da tipificação social, nos quais a vontade é fator preponderante, pois tais negócios jurídicos podem ser anulados quando ela se apresenta viciada, ou nulos, quando o agente é plenamente incapaz, surgiram ainda outras formas, em que as questões de invalidade do negócio jurídico, ligadas à *voluntas* do agente, não aparecem com a mesma nitidez e clareza. Tal ocorre nos contratos de massa, em que a oferta não é dirigida a pessoas determinadas, mas aos indivíduos como integrantes da coletividade, bem como na utilização de serviços existenciais ou de interesse geral, em que a vontade não entra em maior consideração, eis que o ato ou seus resultados são necessariamente desejados.

É manifesto, assim, que a autonomia da vontade e a teoria das fontes das obrigações, que com ela se vincula, se encontram em período de transformação e de reelaboração dogmática. De um lado, a intervenção estatal, os atos de planificação e os formativos de direitos privados e, de outro, a tipificação social, e sobretudo os atos jurídicos de caráter existencial, forçaram a revisão dos conceitos.

Não se conclua, porém, que a vontade foi relegada a segundo plano.

Ela continua a ocupar lugar de relevo dentro da ordem jurídica privada, mas, a seu lado, a dogmática moderna admite a jurisdicização de certos interesses, em cujo núcleo não se manifesta o aspecto volitivo. Da vontade e desses interesses juridicamente valorizados dever-se-ão deduzir as regras que formam a dogmática atual.

No fundo, cuida-se de uma harmonização da teoria de Windscheid – o direito subjetivo como poder da vontade – com a de Jhering – o direito subjetivo como interesse juridicamente protegido –, abrangendo campos definidos dentro da teoria das fontes das obrigações.

Boa-fé

A influência da boa-fé na formação dos institutos jurídicos é algo que não se pode desconhecer ou desprezar. Basta contemplar o direito romano para avaliar sua importância. A atividade criadora dos magistrados romanos, restringida num primeiro momento ao *ius gentium*, e posteriormente estendida às relações entre os *cives*, através do *ius honorarium*, valorizava grandemente o comportamento ético das partes, o que se expressava, sobretudo, nas *actiones ex fide bona*, nas quais o arbítrio do *iudex* se ampliava, para que pudesse considerar, na sentença, a retidão e a lisura do procedimento dos litigantes, quando da celebração do negócio jurídico.[43]

Modernamente, fato similar ocorre com as chamadas cláusulas gerais que consagram o princípio da boa-fé, como o §242 do BGB.

As máximas, que penetram pela cláusula geral no corpo do direito público e privado, encontram-se em certos princípios constitucionais, nas concepções culturais claramente definidas e susceptíveis de serem objetivadas, na natureza das coisas e na doutrina e julgados acolhidos.[44]

---

[43] Enquanto no processo das *legis actiones* o *officium iudicis* limitava-se "legalmente", sendo reduzido o seu arbítrio, nos processos que repousavam apenas no *imperium* do magistrado para aplicação das regras do *ius gentium*, o arbítrio do *iudex* ampliava-se, ensejando a recepção de princípios gerais que davam origem a vínculos jurídicos e serviam de medida às pretensões. Quando as ações de boa-fé foram admitidas na ordem processual do Estado, passando a integrar o *ius civile*, a boa-fé perdeu a função criadora de deveres principais, conservando, entretanto, a de medida dos deveres ou de formadora de deveres secundários (Kaser, *Das römische Privatrecht*, v. I, 1955, p. 406-407; "Restituere" als Prozessgegenstand, 1932, p. 40).
Por outro lado, na atividade processual a *aequitas*, pelo menos na forma de *aequum bonum*, aparece intimamente ligada à *bona fides*, possuindo um só sentido (Broggini, *Iudex arbiterve*, 1957, p. 124 e nota 30). A *aequitas* corresponde, no direito romano, à *epieikeia* grega, sendo o termo tradução dos oradores romanos (Schulz, *Geschichte der römischen Rechtswissenschaft*, 1961, p. 90). A *epieikeia* era conceito bastante definido na literatura grega e se caracterizava, praticamente, como "*comportement réflechi à l'égard d'autrui*", importando, muitas vezes, em renúncia "à son droit strict au profit d'autrui" (Jäger, Justinien et l'"episcopalis audientia", *Rev. Hist. de Droit Français et Étranger*, 1960, p. 252).
A essência dos deveres de boa-fé, em sentido moderno, está no "*comportement réflechi à l'égard d'autrui*", como mandamento bilateral de conduta.
[44] Wieacker, *Gesetz und Richterkunst*, 1958, p. 17.

A seu turno, o dever que promana da concreção do princípio da boa-fé é dever de consideração para com o *alter*. Mas tais deveres não se manifestam em todas as hipóteses concretas,[45] pois que, em muitos casos, dependem de situações que podem ocorrer, seja no próprio nascimento do dever ou no seu desenvolvimento. A doutrina, contudo, vem encontrando área de acordo na circunstância de que em toda e qualquer vinculação, exceto nas provenientes de atos ilícitos, é possível o surgimento de deveres dessa natureza.

Boa-fé e o Código Civil

A boa-fé possui múltiplas significações dentro do direito. Refere-se, por vezes, a um estado subjetivo decorrente do conhecimento de certas circunstâncias,[46] em outras, diz respeito à aquisição de determinados direitos, como o de perceber frutos. Seria fastidioso enumerar as diferentes formas de operar desse princípio nos diversos setores do direito. Com relação ao das obrigações, manifesta-se como máxima objetiva que determina aumento de deveres, além daqueles que a convenção explicitamente constitui. Endereça-se a todos os partícipes do vínculo e pode, inclusive, criar deveres para o credor, o qual, tradicionalmente, era apenas considerado titular de direitos.

O princípio da boa-fé, no Código Civil brasileiro, não foi consagrado, em artigo expresso, como regra geral, ao contrário do Código Civil alemão.

Mas o nosso Código Comercial incluiu-o como princípio vigorante no campo obrigacional e relacionou-o também com os usos de tráfico.[47]

Contudo, a inexistência, no Código Civil, de artigo semelhante ao §242 do BGB não impede que o princípio tenha vigência em nosso direito das obrigações, pois se trata de proposição jurídica, com significado de regra de conduta. O mandamento de conduta engloba todos os que participam do vínculo obrigacional e estabelece, entre eles, um elo de cooperação, em face do fim objetivo a que visam. Tradicionalmente, o credor tinha sua conduta restringida, embora de modo mais tênue, pela faculdade que possuía e possui o devedor de obliterar, obstaculizar ou encobrir a pretensão através da *exceptio doli generalis* ou *specialis*.

---

[45] Hück, *Der Treugedanke im modernen Privatrecht*, 1947, p. 5 e segs.
[46] Miranda, *Tratado de direito privado*, 1954-1969, v. I, p. 142.
[47] Código Comercial, art. 131, I.

O princípio da boa-fé contribui para determinar o *que* e o *como* da prestação e, ao relacionar ambos os figurantes do vínculo, fixa, também, os limites da prestação.[48]

Nos negócios bilaterais, o interesse, conferido a cada participante da relação jurídica (*mea res agitur*), encontra sua fronteira nos interesses do outro figurante, dignos de serem protegidos. O princípio da boa-fé opera, aqui, significativamente, como mandamento de consideração.

Quando o vínculo se dirige a uma atividade em proveito de terceiro (gestão de negócios, negócios fiduciários), o dever de levar em conta o interesse da outra parte (*tua res agitur*) é conteúdo do dever do gestor ou do fiduciário.[49]

Nas relações jurídicas em que a cooperação se manifesta em sua plenitude (*nostra res agitur*), como nas de sociedade, em parte nas de trabalho e, principalmente, na comunidade familiar, cuida-se de algo mais do que a mera consideração, pois existe dever de aplicação à tarefa suprapessoal, e exige-se disposição ao trabalho conjunto e a sacrifícios relacionados com o fim comum.[50]

Os deveres derivados da boa-fé ordenam-se, assim, em graus de intensidade, dependendo da categoria dos atos jurídicos a que se ligam. Podem, até, constituir o próprio conteúdo dos deveres principais, como nas hipóteses, já mencionadas, da gestão de negócio ou da fidúcia, ou ainda expressarem-se como deveres duradouros de fidelidade, abrangendo e justificando toda a relação jurídica, como no contrato formador da relação de família.

Como não se pode considerar conforme com a boa-fé o que contradiga os bons costumes, há quem afirme que a distinção entre os dois conceitos, quando muito, é gradativa.[51]

Existe, no conceito de bons costumes, obviamente, o elemento sociológico, sendo decisivo para sua caracterização a convicção popular, na qual compreendem-se os valores morais tidos como necessários à convivência. Entre eles, alguns, no entanto, se modificam e se transformam, mas outros há que perduram, pois são insusceptíveis de sofrer alterações.

---

[48] Esser, *Schuldrecht*, p. 99 e segs.; Siebert, *Treu und Glauben*, p. 10; Larenz, *Lehrbuch*, v. I, p. 100 e segs.; Staudinger–Weber, *Kommentar*, v. II, 1, b; Palandt–Danckelmann, *Kommentar zum Bürgerlichen Gesetzbuch*, 1962, p. 179.
[49] Beyerle, *Die Treuhand*; cf. Siebert, *Treu und Glauben*, p. 10.
[50] Idem, p. cit.
[51] Vd. Staudinger–Weber, *Kommentar*, v. II, p. 62. Quanto aos negócios contra os bons costumes, vd. Flume, op. cit., p. 368.

O que importa contrastar é que os bons costumes referem-se a valores morais indispensáveis ao convívio social, enquanto a boa-fé tem atinência com a conduta concreta dos figurantes na relação jurídica. Assim, quem convenciona não cumprir determinado contrato age contra os bons costumes, decorrendo a nulidade do negócio jurídico. De outro lado, quem deixar de indicar circunstância necessária ao fiel cumprimento da obrigação terá apenas violado dever de cooperação para com o outro partícipe do vínculo, inexistindo, porém, infringência à cláusula dos bons costumes.

Boa-fé e interpretação

Não se pode recusar a existência de relação entre a hermenêutica integradora e o princípio da boa-fé. Tal interdependência manifesta-se mais intensamente nos sistemas que não consagram o princípio da boa-fé, quer como dispositivo de ordem geral, dentro do direito civil, quer como norma geral, dentro do campo mais restrito do direito das obrigações.

Entre nós, sempre prosperou a admissão do princípio com alcance geral, apesar de não lhe dedicar o código artigo determinado. Mas os autores que, no Brasil, versaram a matéria não procuraram visualizar a boa-fé como elemento criador de novos deveres dentro da relação obrigacional, deveres – convém frisar – que podem nascer e desenvolver-se independentemente da vontade.

A boa-fé foi, sobretudo, examinada no direito das coisas, onde se constituiu num dos temas centrais de polêmica, desde o advento do Código Civil.

Todavia, igual atenção não foi dispensada à aplicação do princípio ao direito das obrigações, a qual se operou, em grande parte, de forma não conscientizada, sob o manto da interpretação integradora ou da "construção" jurisprudencial.

A mesma situação ocorreu no direito austríaco, onde, à míngua de dispositivo expresso, foi a boa-fé acolhida por via indireta, através da regra que postula dever-se, na exegese dos atos jurídicos, valorizar preponderantemente a intenção das partes.

Nesse processo hermenêutico, cuida-se em conferir justa medida à vontade que se interpreta – pois que o contrato não se constitui de duas volições, ou de uma oferta e uma aceitação, isoladamente, mas da fusão desses dois elementos – e de evitar-se o subjetivismo e o psicologismo a que se chegaria sem dificuldade, caso o interesse de ambas as partes não fosse devidamente considerado.[52]

Por meio da interpretação da vontade, é possível integrar o conteúdo do negócio jurídico com outros deveres que não emergem diretamente da declaração.

Em muitos casos, é difícil determinar, com firmeza, o que é resultado da aplicação do princípio da boa-fé e o que é conquista da interpretação integradora. É certo que tal forma de interpretação serve, realmente, para aumentar o conteúdo do negócio jurídico; mas, por outro lado, não é menos exato que se adstringe, tão-somente, à pesquisa e explicitação volitiva das partes no momento da constituição do ato, não abrangendo, por conseqüência, as mesmas situações atingidas pelo princípio da boa-fé, o qual traça uma órbita bem mais ampla, assumindo, por vezes, função limitadora de direitos (inclusive formativos) dos partícipes da relação,[53] e alcançando todos os momentos e fases do vínculo, desde o seu nascimento até o adimplemento de deveres e obrigações.

Além disso, o princípio da boa-fé revela-se como delineador do campo a ser preenchido pela interpretação integradora, pois, de perquirição dos propósitos e intenções dos contratantes, pode manifestar-se a contrariedade do ato aos bons costumes ou à boa-fé.

Finalmente, em muitos casos, quando se pensa estar fazendo interpretação integradora, em realidade o que se realiza é a aplicação do princípio da boa-fé. A explicação de todos os atos jurídicos tendo por critério a vontade – mesmo quando inexistente – é sobrevivência da ciência do direito do século XIX, e pertence à categoria das concepções já relegadas ao museu do pensamento. O rigor científico exige a separação entre as hipóteses da interpretação integradora e a de concreção do princípio da boa-fé, o qual tem vigência mesmo como norma não escrita.

Boa-fé e usos de tráfico

O §242 do BGB determina a observância, na efetivação da prestação, dos ditames dos usos de tráfico.

---

[52] A vontade, di-lo Betti, "*di per sé mera entità psichica individuali non acquista rivelanza sociale se non rendedosi reconoscibile agli altri sotto forma di dichiarazione o di comportamenti e dandosi un contenuto socialmente aprezzabile sul terreno dell'autonomia privata*" (*Teoria generale del negozio giuridico*, p. 46).
[53] Staudinger–Weber, *Kommentar*, v. II, p. 12.

Já afirmamos que a boa-fé, como proposição fundamental de direito, tem vigência e aplicação, independentemente de haver sido recebida como artigo expresso de lei.

Mas, perguntamos, terá o princípio, no direito civil brasileiro extensão igual à do art. 131, I, do Código Comercial, ou do §242 do BGB?

A resposta pressupõe um exame mais minucioso do caráter dos usos de tráfico.

Os usos de tráfico, tanto no §242 do BGB, quanto no art. 131, I, do Código Comercial, integram o corpo do direito objetivo. Como conseqüência, a ampliação ou o enriquecimento do conteúdo do negócio jurídico, através dos usos do tráfico, opera-se *ex vi legis*.

Ao contrário do que sucede com o princípio da boa-fé, os usos de tráfico, para incidirem como norma, necessitam recepção legislativa. Quando tal requisito é implementado – esclarece Wolfgang Siebert –, os usos de tráfico não se manifestam como meio para a pesquisa da vontade individualmente declarada, mas explicam e complementam a declaração, como regra legal de hermenêutica.[54] No direito comercial brasileiro e no direito civil alemão, o uso é assim meio legal de interpretação. Uma vez admitido em artigo de lei, passa a integrar o negócio jurídico, complementando a declaração de vontade das partes, não sendo alegável, conseqüentemente, erro a respeito de sua existência ou significação.

No direito civil brasileiro, por ausência de artigo expresso, os usos de tráfico penetram como simples elemento auxiliar, para a interpretação da vontade dos contratantes, não se constituindo em regra legal de exegese.

Boa-fé e autonomia da vontade

Os deveres resultantes do princípio da boa-fé são denominados deveres secundários, anexos ou instrumentais. Impõe-se, entretanto, cautela na aplicação do princípio da boa-fé, pois, do contrário, poderia resultar verdadeira subversão da dogmática, aluindo os conceitos fundamentais da relação jurídica, dos direitos e dos deveres.

Desde logo, importa deixar claro que nem todo adimplemento que não satisfaça integralmente à outra parte redunda em lesão ao princípio, pois a in-

---
[54] *Treu und Glauben*, p. 12.

fringência há de se relacionar sempre com a lealdade de tratamento e o respeito à esfera jurídica de outrem.[55]

Por outro lado, não se trata absolutamente de conceito de ordem subjetiva, que levaria a exigir-se das partes a consciência do enquadramento da conduta dentro de um dever genérico e despersonalizado, como o é o da correção social.

O dever que se cumpre, ou se descumpre, é dever para com uma pessoa determinada. As relações que se estabelecem com essa pessoa são, também, determinadas. A conformidade ou desconformidade do procedimento dos sujeitos da relação com a boa-fé é, por igual, verificável apenas *in concreto*, examinando--se o fato sobre o qual o princípio incide, e daí induzindo o seu significado.

Constituindo a boa-fé conceito dinâmico, não é possível perceber todas as suas virtualidades, mas apenas estabelecer a linha divisória entre o seu campo e o da autonomia da vontade.

A prestação principal do negócio jurídico é determinada pela vontade. Para que a finalidade do negócio seja atingida, é necessário que o devedor realize certos atos preparatórios, destinados a satisfazer a pretensão do credor. Alguns desses atos constituem adimplemento de deveres que nascem da manifestação ou declaração de vontade jurisdicizada.

Outros, porém, surgem desvinculados da vontade, núcleo do negócio jurídico, por vezes ligados aos deveres principais e deles dependentes, por vezes possuindo vida autônoma. Os deveres desta última categoria, chamados independentes, podem perdurar mesmo depois de adimplida a obrigação principal.

A dogmática do século passado tinha por centro a vontade, de forma que, para os juristas daquela época, todos os deveres dela resultavam. Em movimento dialético e polêmico poder-se-ia chegar à conclusão oposta, isto é, a de que todos os deveres resultassem do princípio da boa-fé. Mas a verdade está no centro: há deveres que promanam da vontade e outros que decorrem da incidência do princípio da boa-fé e da proteção jurídica de interesses. Em alguns casos, porém, o conteúdo do negócio jurídico é formado imediatamente pelos deveres de boa-fé. A hipótese mais comum é a de gestão de negócios.[56] Nas obrigações de meios, isto é, naquelas obrigações que se relacionam com

---

[55] Betti, na *Teoria generale delle obbligazione*, 1953, v. I, p. 81, mostra que a significação do conceito de boa-fé coincide com aquele critério de "correção" (*correttezza*), que, segundo o art. 1.175 do Código Civil italiano, devem seguir devedor e credor. Mas o conceito jurídico, *salva reverentia*, é objetivo e atende sobretudo ao fim do ato que se está praticando ou adimplindo. Denominá-los como deveres derivados da "correção social" seria turvar o conceito, ao invés de esclarecê-lo.
[56] Código Civil, arts. 1.331 *(861)* e segs.; art. 1.338 *(868)*, *in fine*: "o gestor responde pelo caso fortuito (...) quando preterir interesses deste por amor dos seus"; art. 1.336 *(866)*.

atividades profissionais e artísticas, e nas quais o resultado pretendido (a cura do paciente, por exemplo) pode, ou não, ser alcançado, sem que decorra qualquer conseqüência, o que radica na autonomia da vontade e o que nasce da boa-fé fundem-se num só elemento, formando, desde logo, o conteúdo do contrato.

Por outra parte, pelo menos hipoteticamente, seria possível que as partes convencionassem todos os deveres, segundo uma ordem de intensidade, não deixando margem à constituição de deveres independentes da vontade, com base exclusivamente na boa-fé.

Boa-fé e culpa

A lesão ao princípio da boa-fé aparece relacionada freqüentemente com a culpa. Assim sucede no mandato,[57] na gestão de negócios,[58] nas obrigações de dar,[59] de fazer,[60] nas alternativas.[61] Nas obrigações em espécie, o desaparecimento do objeto ou a sua deterioração pode ter origem em falta de atenção aos interesses do credor. Tal circunstância talvez levasse a crer que o conceito de culpa fosse equiponderante ao de dever de boa-fé.

Para melhor compreensão do problema, releva fixar, inicialmente, que o sistema de obrigações do Código Civil foi construído com base nas obrigações principais. Raramente faz o nosso código alusão à existência de deveres secundários. O mesmo, de resto, sucede no direito dos outros países, pois a teoria dos deveres secundários é recente.[62]

O Código Napoleônico, todavia, embora não houvesse dado tratamento legislativo às espécies susceptíveis de ocorrerem, enunciou o princípio geral com rara felicidade, ao dispor que *"les conventions obligent non seulement à ce qui y est exprimé, mais encore à toutes les suites que l'équité, l'usage, ou la loi donnent à l'obligation d'après sa nature"*.[63]

O exame da obrigação, *"d'après sa nature"*, dá precisamente a chave para a conceituação dos deveres anexos, pois "natureza" expressa-se aí no sentido de finalidade do contrato.[64]

---

[57] Código Civil, art. 1.300 (667).
[58] Código Civil, art. 1.336 (866).
[59] Código Civil, art. 865 (234), *in fine*; arts. 867 (236) e 870 (239).
[60] Código Civil, art. 879 (248).
[61] Código Civil, art. 887 (255).
[62] Esser, *Schuldrecht*, p. 104.
[63] *Code Civil*, art. 1.135.
[64] Esser, idem, p. cit.

O conceito de dever secundário é mais amplo que o de culpa, embora entre ambos existam pontos de contato.[65]

É princípio consagrado, inclusive em nosso código, que se a prestação se tornar impossível, no todo ou em parte (quantitativa ou qualitativamente), por circunstância imputável ao devedor, deve este reparar os danos causados em razão do inadimplemento.[66] Esse princípio, porém, tem de ser conjugado com o da boa-fé. O comportamento que o direito valoriza é o de ambos os partícipes. Compreendida a relação jurídica como um todo, a liquidez do princípio da culpa vai encontrar sua justa medida na contemplação da conduta do outro figurante. A culpa, na perda ou na deterioração do objeto da prestação, é fator dos mais importantes, tanto que mereceu tratamento legislativo, mas não é o único, pois cumpre investigar qual o comportamento do credor no desenvolvimento do vínculo, esclarecendo-se se o mesmo deixou, ou não, de indicar circunstância relevante para a efetivação da *res debita*.

Há, no contrato, o dever bilateral de proteção, que impede que uma das partes cause à outra algum dano, em razão da sua atividade.[67] Existem, assim, deveres do credor, que não são deveres para consigo mesmo, mas sim deveres jurídicos. Muitos deles consistem em conduta determinada, em comunicar algo, em indicar alguma circunstância, em fornecer informações, cuja omissão pode causar dano ao outro figurante.

Boa-fé e motivo

Segundo o Código Civil, os motivos só são relevantes quando expressos como razão determinante do ato ou sob a forma de condição.[68] Os motivos,

---

[65] Salienta Siebert, *Treu und Glauben*, p. 13, além disso, que não se pode dizer que a lesão à boa-fé exija um pressuposto ou suporte fático precisamente tipificado em que se insira a culpa.

[66] *Motive zum Entwurf eines Bürgerlichen Gesetzbuches*, II, §240, 1896, p. 49; Código Civil, art. 865 (234), *in fine*.

[67] Staudinger–Weber, *Kommentar*, v. II, p. 70: "*Schuldner und Gläubiger müssen in wechselseitiger Rücksichtnahme dafür sorgen, dass keiner den anderen durch sein Wirken schädigt (gegenseitiger Schutzpflicht)*". É interessante verificar que os conceitos de culpa contratual ou aquiliana partem da mesma idéia ética e induzem para o responsável a mesma conseqüência. Neste ponto, a concepção tradicional choca-se com a noção moderna que aquela diferencia, enquanto esta as aproxima. É que, se na sua estrutura a violação desta é um dano, em nada importa que o pré-ordenamento seja legal ou convencional (Pereira, *Instituições*, v. II, 1962, p. 277; Barassi, *Teoria generale delle obbligazioni*, 1949, v. II, p. 430). Hoje, conclui Pereira, a doutrina civilista marcha para a unidade da culpa (idem, p. cit.). Mas é preciso levar em consideração que os deveres violados na culpa extracontratual, a que ambos os autores citados se referem, são deveres genéricos, que se dirigem a todos indistintamente e não podem ser parificados com a lesão de um dever concreto em favor de determinada pessoa.

[68] Código Civil, art. 90 (140): "Só vicia a falsa causa quando expressa como razão determinante ou sob forma de condição." O que aí se denomina "falsa causa" é o motivo do ato.

por serem elementos subjetivos – cálculos, planos, conjeturas, probabilidades –, que não se manifestam socialmente de forma visível, não são, de regra, valorizados pelo ordenamento jurídico.

A medida da intensidade dos deveres secundários, ou anexos, é dada pelo fim do negócio jurídico. Mas, tal finalidade, no que toca à aplicação do princípio da boa-fé, não é apenas o fim da atribuição, de que normalmente se fala na teoria da causa. Por certo, é necessário que essa finalidade seja perceptível à outra parte.[69] Não se cuida, aí, de motivo, de algo psicológico, mas de um *plus* que integra o fim da atribuição e que está com ele intimamente relacionado. A desatenção a esse *plus* torna o adimplemento insatisfatório e imperfeito, como ressalta do seguinte exemplo: *A*, comerciante, convenciona com *B* a fabricação e a colocação de um anúncio luminoso para efeitos de propaganda. *B* fabrica o anúncio, conforme o convencionado, mas, ao invés de colocá-lo em local de intenso tráfego, instala-o em lugar pouco freqüentado, de sorte que o anúncio nenhum reflexo teria na venda dos produtos. Em tal hipótese, *A* não poderá considerar o adimplemento como satisfatório, apesar da convenção não determinar o local em que seria colocado o anúncio. *B* deveria levar em consideração que quem contratara era comerciante e, por conseguinte, o anúncio só poderia ter interesse se situado em lugar adequado a sua finalidade. O *plus* que integra o fim do negócio jurídico pode surgir, imediatamente, da atividade da pessoa com quem se contrata. De qualquer modo, trata-se de certeza objetiva, o que não ocorre com os motivos a que alude o art. 90 *(140)* do Código Civil, de natureza meramente subjetiva.

Boa-fé e direito dos juízes

A aplicação do princípio da boa-fé, na opinião de alguns, teria o perigo de subverter toda a dogmática, desde que não se lhe desse justa medida de incidência.

A relevância recentemente dada ao princípio da boa-fé, no campo do direito das obrigações, expressa talvez a principal reação contra as idéias e o sistema do positivismo jurídico, no plano da ciência do direito. Como reação, entretanto, pode ser levado a extremos, ferindo-se, assim, outros valores que o ordenamento jurídico consagra.

---

[69] Staudinger–Weber, *Kommentar*, v. II, p. 72.

É preciso ter presente, portanto, a advertência de Lehmann: "não se pode remover os males do mundo com o §242, nem com seu amparo ultrapassar os limites legislativos". A advertência endereça-se à teoria da base do negócio jurídico, ou da pressuposição, considerada a aplicação mais perigosa do princípio,[70] por atritar com a regra fundamental de que *pacta sunt servanda*.[71]

A aplicação do princípio da boa-fé tem, porém, função harmonizadora, conciliando o rigorismo lógico-dedutivo da ciência do direito do século passado com a vida e as exigências éticas atuais, abrindo, por assim dizer, no *hortus conclusus* do sistema do positivismo jurídico, "janelas para o ético".[72]

Nessa conciliação, a atividade do juiz exerce tarefa de importância.

Seu arbítrio, no entanto, na aplicação do princípio da boa-fé, não é subjetivo,[73] pois que limitado pelos demais princípios jurídicos, os quais, igualmente, tem de aplicar. Nesse mútuo condicionamento de regras, quais serão as relativações ditadas pela boa-fé? A resposta não pode ser dada *a priori*.

A boa-fé dá o critério para a valorização judicial, não a solução prévia. Num sistema jurídico sem lacunas, a função do juiz resume-se em elaborar mecanicamente as soluções, esvaziando-se o direito de conteúdo vital. Num sistema jurídico concebido, não como uma *Geschlossenheit*, como um mundo fechado, mas sim como algo com aberturas por onde penetram os princípios gerais que o vivificam, não se poderá chegar a uma solução concreta apenas por processo dedutivo ou lógico matemático. Com a aplicação do princípio da boa-fé, outros princípios havidos como absolutos serão relativizados, flexibilizados, ao contato com a regra ética.

A subsunção não é, pois, uma atividade mecânica que descreve um processo semelhante ao que se verifica nas ciências físicas ou naturais. Certamente, o conceito de pressupostos de fato e de incidência é fundamental para a construção dogmática. Mas a atividade jurisdicional, de verificação de incidência, tem, hoje, sentido diferente da apregoada pela teoria dominante nos fins do século passado. Broggini dá excelente descrição do processo de subsunção, na forma em que atualmente é concebido, ao afirmar que a atividade do juiz consiste na interpretação da lei, como proposição maior, segundo os critérios que são dele conhecidos, na aplicação dos ditames da experiência e na comparação do

---

[70] Siebert, *Treu und Glauben*, p. 9.
[71] A teoria da base do negócio jurídico foi adotada pelo atual Código Civil grego, de 1940, art. 383.
[72] Esser, *Grundsatz und Norm*, 1956, passim.
[73] Larenz, *Lehrbuch*, v. I, p. 100.

pressuposto ou suporte fático concreto com o normativo, até a concretização do termo médio do silogismo processual. Esclarece, ainda, que a operação definida com esse silogismo não esgota, de nenhum modo, o processo de formação da sentença. Usa-se hoje a denominação "silogismo processual" de forma, em parte, convencional. Ao lado da interpretação tradicional lógica e histórica, ao lado do ato cognoscitivo da subsunção, admite a teoria moderna fatores "metalógicos" (interpretação de interesses dignos de serem levados em conta, aperfeiçoamento da norma através da aplicação de proposições fundamentais, construção segundo valorizações em geral vigentes ou novas).[74]

A separação entre a fase do nascimento e desenvolvimento dos deveres e a do adimplemento

A dogmática distingue entre obrigação e adimplemento. O discrime, por igual, manifesta-se claro em todos os códigos de origem romanística, que dedicam – às obrigações e ao adimplemento – títulos especiais.

A distinção é de direito material e, muitas vezes, absoluta, de sorte que o adimplemento, em tal hipótese, surge, no mundo jurídico, totalmente desligado da série de atos que o antecederam e situado num plano diverso, no plano do direito das coisas, como nas transmissões abstratas de propriedade.

Há, assim, "distância" entre o primeiro e o último ato do *processus*.[75]

Obrigar-se é submeter-se a um vínculo, ligar-se, pelo procedimento, a alguém e em seu favor. O adimplir determina o afastamento, a liberação, e na etimologia da palavra *solutio* surpreende-se vigorosamente essa idéia.[76]

Ao tempo do direito comum, e já sob certa influência de Savigny,[77] construía-se o adimplemento como contrato, como concordância de vontade das partes em face do fim da prestação material: a extinção de uma obrigação concreta.

O processo obrigacional supõe, portanto, duas fases: a fase do nascimento e desenvolvimento dos deveres e a fase do adimplemento. Nas obrigações que não se endereçam à transmissão de propriedade, o adimplemento é realizado no

---

[74] Broggini, Die Maxime "iura novit curia" und das ausländische Recht, *Archiv f. die civ. Praxis*, v. 155, p. 470.
[75] Vd. Wiese, *System der allgemeinen Soziologie*, 1933, p. 110 e segs.
[76] *Solutio, solvere* tem o significado de cortar as cadeias, libertar-se (cf. Walde–Hoffmann, *Lateinisches Etymologisches Wörterbuch*, 1954, v. II, p. 557).
[77] Römer, Beiträge zur Lehre von der Erfüllung der Obligation nach gemeinen Recht, mit besonderer Berücksichtigung der Beweislast, *Zeitschrift f. das Gesammte Handelsrecht*, v. 21, p. 2 e segs.

plano do direito obrigacional. As obrigações resultantes do contrato de trabalho ou da cessão de créditos são adimplidas nessa dimensão, embora nem sempre o ato de adimplemento tenha a mesma categoria. Nas hipóteses de *obligatio faciendi*, o cumprimento, salvo nos casos de pré-contrato, é ato-fato; na cessão de crédito, por sua vez, é negócio jurídico dispositivo.

A distinção entre a fase do nascimento e desenvolvimento dos deveres e a do adimplemento adquire, entretanto, sua máxima relevância, dogmática e praticamente, quando o adimplemento importa em transmissão da propriedade. A fase do adimplemento se desloca, então, para o plano do direito das coisas. Tal divisão em planos, quando absoluta, significa abstração da causa, nos casos de aquisição derivada. O exame das fases da relação obrigacional leva-nos, assim, à análise da teoria da causa, a fim de que os problemas dogmáticos decorrentes da separação entre o plano do direito das obrigações – em que se inserem o nascimento e o desenvolvimento dos deveres – e o do direito das coisas, em que o adimplemento se verifica, sempre que esse adimplemento importar na transferência de propriedade, possam ser tratados.

Teoria da causa no direito romano e medieval

No direito romano, o conceito de causa aparece relacionado com a *condictio* e com a *traditio*. Com referência aos demais atos, como a *mancipatio* e a *in iure cessio* – aliás abstratos, segundo a terminologia moderna –, apesar de evidenciarem a nítida separação entre o plano do direito das obrigações e o do direito das coisas, a idéia de causa permanece na sombra.

A teoria atual da causa, como fundamento ou base do ato jurídico, é o resultado da generalização de regras isoladas do direito romano, atinentes à *traditio*. Por outra parte, a causa concebida como fim, ou função, do negócio jurídico é o produto do exame do conceito de causa no direito das *condictiones*. Todavia, a *condictio* no direito romano clássico não se vinculava, de nenhum modo, ao enriquecimento sem causa, mas referia-se à possibilidade de exigir-se *certa res* ou *certa pecunia*, e isso somente na *datio*.[78] Inexistia qualquer *condictio sine causa*, de âmbito geral, que facultasse corrigir o deslocamento patrimonial sem fundamento, ou causa.[79]

---

[78] Esser, *Grundsatz und Norm*, p. 45.
[79] Esser, idem, p. cit.

A causa na *traditio* e na *condictio*

Vigorava no direito romano clássico o princípio de que, na fórmula da ação, se deveria mencionar o fundamento. A *condictio* constituía, contudo, exceção (Gaio, 4, 17b). Usava-se a *condictio* nas hipóteses de repetição de pagamento de dívida inexistente, servindo-se, por analogia, da ação correspondente ao mútuo.[80] Tal repetição, entretanto, ao contrário da efetuada com base no mútuo, não tinha seu fundamento em contrato preexistente, mas decorria da simples entrega da coisa (*ex re*). Daí a afirmação de Gaio (3, 91): "*Unde quidam pupillum aut mulierem, cui sine tutoris auctoritate non debitum per errorem datum est, non teneri condictione, non magis quam mutui datione. Sed haec species obligationis non videtur ex contractu consistere, quia is, qui solvendi animo dat, magis distrahere vult negotium quam contrahere*".

O mesmo pensamento encontra-se em Celso (D. 12, 1, 32), ao distinguir entre o mútuo que não se pode realizar *nisi inter consentientes* e a obrigação que nasce da própria entrega da coisa, isto é, *ex re*, e sem o *contrahere*.

Tendo-se presente as concepções gerais de Gaio, não é fácil harmonizar a passagem acima reproduzida com a *summa divisio* das obrigações (3, 88) em *ex contractu* e *ex delicto*. O mútuo tinha como pressuposto de existência a entrega da res. Mas, além da entrega, exigia-se, ainda, elemento volitivo, que se expressava no *contrahere*. Se a vontade fosse completamente indiferente, nenhuma razão haveria para contrapor, ao *contrahere*, o *distrahere*. Demais disso, como vimos, a mesma idéia se reflete em Celso. Restaria, então, outra fonte *ex re*, não conumerada por Gaio, no trecho aludido.

Confirmaria este ponto de vista o fr. de Gaio, no D. 44, 7, 1, no qual, à divisão tradicional das fontes, verifica-se o acréscimo de uma outra, *ex variis causarum figuris*, por muitos tido, no entanto, por interpolado.

De qualquer forma, a discussão está aberta, e o texto referido parece demonstrar que o contrato estava em germe, constituindo "a vontade de contrair" e "a vontade de solver" coisas perfeitamente distintas.[81]

Verdade é, entretanto, que o conceito fundamental do direito romano clássico era o de *actio*. A obrigação não nascia somente porque as partes o quisessem, mas sobretudo porque existia uma *actio iuris civilis* para a hipótese,

---

[80] Gaio, 3, 91: "*Is quoque, qui non debitum accepit ab eo, qui per errorem solvit, re obligatur; nam proinde ei condici potest si paret eum dare oportere, ac si mutuum accepisset*".
[81] Vd. Schwarz, *Die Grundlage der condictio im klassischen Römischen Recht*, 1952, p. 13-14.

muito embora a *actio* não fosse concedida caso as partes não visassem o efeito obrigacional.[82]

De grande importância para a teoria da causa, em sentido moderno, é a *condictio causa data, causa non secuta*, também denominada *ob rem*, para diferenciá-la da *ob causam*, ou seja, da que se refere a algo que já ocorreu.

Num fragmento de Pompônio diz-se que: "*ob rem vere datur ut aliquid sequatur non sequente repetitio competit*".[83] A mesma regra surge em Paulo: "*Omne quod datur aut ob rem aut ob causam. Ob rem igitur honestum datur et repeti potest si res propter quam datum est secuta non est*".[84]

Res (*ob rem* no fragmento de Pompônio e de Paulo) tem a acepção de fim, em oposição à simples causa pretérita.[85] Os juristas romanos diferençavam, perfeitamente, a *datio ob rem* da *datio ob causam*. Esta última dizia respeito ao que, desde Baldo, se denomina motivo e era irrelevante.

A significação de *causa*, porém, sofreu aumento em seu círculo de abrangência, fazendo com que os juristas posteriores à época de Diocleciano usassem, indiferenciadamente, as expressões *res* e *causa*, como se pode constatar do D. 12, 5, 9: "*quamvis propter rem datum sit et causa secuta non sit*", ou do D. 12, 6, 65, 3, onde se lê: "*quia causa propter quam dedi non est secuta*".[86]

Lenel, examinando a *condictio ob rem*, define a causa do ato jurídico ao afirmar que "juridicamente relevante é somente o fim da prestação que for fundamental para a sua natureza econômica".[87]

Embora seja discutidíssimo o problema da *iusta causa traditionis* no direito romano clássico, parece, entretanto, que a vinculação ao negócio antecedente era exigida para a transferência de domínio. Como meio de transpasse da propriedade sobre coisas *nec mancipi*, necessitava a *traditio* de uma causa que qualificasse o ato material da entrega da coisa, fazendo com que os efeitos se diferençassem dos verificados no comodato, na locação ou no depósito, onde essa entrega também ocorria, embora com a simples significação de transmissão

---

[82] Schwarz, *Die Grundlage*, p. 13: "*Auch bei diesem negotium contrahere in neuen Sinne entsteht die obligatio nicht, weil die Parteien die Verpflichtung wollen, sondern weil es eine actio juris civilis gibt. Doch entsteht sie nicht, wenn nicht beide Parteien diese Verpflichtungswirkung beabsichtigen*".
[83] D. 12, 6, 56.
[84] D. 12, 5, 1.
[85] "*Diesen Zweck nennt Pomponius res in Gegensatz zum blossen causa praeterita.*" (Lenel, Die Lehre von Voraussetzung, *Archiv f. die civ. Praxis*, v. 74, p. 235); Schwarz, op. cit., p. cit.
[86] Schwarz, op. cit., p. 132.
[87] Die Lehre cit., p. cit.

de posse. Desenvolveram-se, assim, diversos tipos de causa, sob uma unidade conceitual, tais como a *donandi*, *credendi*, *solvendi* etc.

A causa no direito medieval

Os juristas medievais continuaram a elaboração romanística, e a eles se deve, em muito, o conceito atual de causa. Sob a influência de método e conceitos escolásticos, e convictos de que o *Digesto* era algo completo e perfeitamente concordante, começaram a elaborar um sistema, do qual emergiu a moderna ciência do direito.

É dos juristas medievais a doutrina dos *pacta vestita*, a qual distinguia os contratos segundo o "vestimento", ou seja, o aspecto ou a forma com que se apresentavam. Azo entendia que o pacto poderia ser "vestido" das seguintes maneiras: *re, verbis, litteris, cohaerentia contractus* e *interventu rei*.[88] Acúrsio acrescentou à enumeração o *vestimentum legis auxilio*.

Bastante elucidativo do processo utilizado é a glosa ao D. 2, 14, 4: "*Sed cum nulla subest causa propter conventionem hic constat non posse constitui obligationem*" – em que se afirmou – "*si in contractibus non valet conventio sine causa id est sine vestimento*". Na *Summa Trecensis* (2, 3, 8), atribuída por uns a Irnério, por outros a Rogério, definiu-se a causa como "*dationem seu factum aut contractum*".

No esforço de harmonização das diferentes passagens do *Digesto*, tentaram os juristas medievais reunir os pressupostos necessários à existência dos atos jurídicos sob o império de conceito que fosse comum a todos eles.

Na busca de unidade, em meio a elementos tão heterogêneos, pareceu-lhes que a teoria do vestimento teria a virtude, ao menos, de dar aspecto sistemático à matéria.

Com referência, de outra parte, à elaboração sobre o conceito da *condictio ob rem*, podemos resumir as conclusões de Söllner, partindo do direito romano. A *condictio causa data, causa non secuta* mereceu exame acurado dos glosadores: possuía ela especial importância ao tempo em que a *actio praescriptis verbis* não se constituíra em ação de adimplemento de âmbito generalizado. Cabia aquela

---

[88] A respeito da elaboração medieval, vd. Söllner, op. cit., passim; Bärmann, "Pacta sunt servanda", *Rev. Int. de Droit Comparé*, 1961, p. 18 e ss.; Calasso, *Il negozio giuridico*, 1959. A respeito da terminologia medieval: *cohaerentia contractus* era o relacionamento do pacto nu com um contrato acionável, em forma de acordo adjeto; a *interventu rei* constituía-se na prestação prévia feita nos contratos inominados.

condictio nos casos de contratos reais inominados, quando a outra parte deixasse de cumprir sua obrigação. Com a elaboração do *Digesto*, conservou-se a *condictio* em sua forma primitiva, embora fosse facultado, àquele que adimpliu, exigir da outra parte a prestação, usando, para esse efeito, a *actio praescriptis verbis*. E, sob a influência da escolástica, transportaram para o campo jurídico o conceito de *causa finalis*, aplicando-o às hipóteses da *condictio causa data, causa non secuta*. O fim é a prestação que se visa obter através do contrato.[89]

Para chegar-se a um conceito geral e unitário de causa, houve a necessidade de superar o de pacto nu, dando-se eficácia a toda e qualquer convenção, independentemente da teoria do vestimento. Tal superação realizou-se através dos canonistas.

Ainda para a unificação do conceito, era imprescindível a harmonização da causa da *condictio* com a *causa* da *traditio*. Já foi mencionado que a causa da tradição era conceito unitário, típico, o mesmo não ocorrendo, no entanto, com a causa das *condictiones*. As mesmas discussões que, com relação à *condictio*, se travaram no direito romano, foram repetidas, embora com outros termos, pelos glosadores. A *condictio ob causam* (motivo) passou a ter equivalente, na Idade Média, no conceito de *causa impulsiva*, que não dava margem à repetição. Finalmente, com Acúrsio e a sua teoria a respeito da *stipulatio* e das obrigações literais, nas quais a causa é uma obrigação antecedente, começa, em verdade, a unificação dos conceitos de causa na *traditio* e na *condictio*, muito embora somente mais tarde essa unificação viesse a se completar.

A causa no direito moderno e o problema da separação de planos

O direito moderno reelaborou a teoria da causa, com os dados do direito romano e medieval. Daí surgiram duas linhas de pensamento ou duas correntes (objetiva e subjetiva), que, respectivamente, salientaram os aspectos emergentes da *iusta causa traditionis* e da *condictio ob causam*. Por fim, vincularam-se ambos os conceitos através da função objetiva do negócio jurídico, o que ensejou a ligação do ato jurídico antecedente ao subseqüente. Note-se que se cuida de função e não de fim, propriamente, porque a transmissão abstrata da propriedade é ato final (Flume, op. cit., p. 24).

---

[89] *Die Causa*, p. 36-37; Bärmann, op. cit., p. cit.

A doutrina, denominada clássica, examinou o conceito de causa e relacionou-o ao de atribuição patrimonial. Algumas críticas foram feitas a esse entendimento,[90] mas não cabe aqui examiná-las, pois tais críticas não negam que a causa se expresse na atribuição patrimonial, mas apenas afirmam que o conceito de causa é mais amplo.

Em se tratando de transferência de bens, vale o axioma de que não há atribuição sem causa. A causa existe sempre, embora os sistemas jurídicos, em certos casos, possam impedir a sua verificação, abstraindo-a.

No direito germânico, o acordo de transmissão de propriedade de bens móveis e imóveis é abstrato, em razão de dispositivo do ordenamento jurídico que torna a causa irrelevante. Já no direito francês, é a própria compra e venda que transfere a propriedade, embora somente interpartes, antes do registro. O Código Civil brasileiro adotou posição intermediária, ao fazer depender a eficácia da tradição à do negócio jurídico antecedente, princípio este que a jurisprudência estendeu à transferência de imóveis pela transcrição.

Para melhor compreender a estrutura jurídica dos negócios de adimplemento, é preciso, entretanto, confrontar o nosso sistema com o do Código Civil alemão, que grandemente o influenciou.

Direito germânico

O direito comum exigia, para a transferência da propriedade, negócio obrigacional e, além disso, a tradição ou a transcrição, conforme fossem os bens móveis ou imóveis. Savigny, em 1840, no seu *Sistema de direito romano atual*, classificou, porém, a tradição como contrato de direito real, diverso do obrigacional, partindo do pressuposto de que, quando a tradição importasse adimplemento, se exigiriam declarações de vontade do transmitente e do adquirente.[91] Mais tarde, nos *Motivos para o Projeto do Código Civil alemão*, encontra-se a afirmação de que o conceito fundamental é o do contrato, e, em verdade, não menos importante para o direito das coisas do que para o das obrigações.[92] E o direito alemão de nossos dias é o resultado da elaboração realizada pela última fase da pandectística, na qual ressalta o conceito de negócio jurídico de direito

---

[90] Vd. Cohn, Zur Lehre von Wesen der abstrakten Geschäfte, *Archiv f. die civ. Praxis*, v. 135, p. 67 e segs.
[91] *System des heutigen Römischen Rechts*, 1840, v. III, p. 312-313: "*So ist die Tradition ein wahrer Vertrag (...). Man könnte, zur schärferen Unterscheidung, alle diese Fällen als dinglichen Vertrag bezeichnen*".
[92] *Motive*, III, 1896, p. 7.

das coisas. No sistema alemão, direito das obrigações e direito das coisas se encontram rigidamente separados, de sorte que o acordo de transmissão – ou seja, o negócio jurídico dispositivo que adimple a obrigação – é abstrato e se situa no plano do direito das coisas. A compra e venda, porém, é causal. Como negócio jurídico, embora de direito das coisas, o acordo de transmissão submete--se a regras que incidem também sobre os demais negócios jurídicos, como aquelas que dispõem sobre validade. Enquanto, porém, o poder de disposição não é requisito de eficácia dos negócios jurídicos obrigacionais, apresenta-se como indispensável à produção de efeitos dos negócios jurídicos do direito das coisas. Discute-se se será nulo, quando perseguir fim imoral. Segundo a doutrina dominante, sendo o negócio dispositivo um "fim em si mesmo", é moralmente indiferente. A jurisprudência mais recente tem, contudo, admitido a possibilidade de contágio, embora seja ainda grandemente controvertida. Não cabe dúvida, no entanto, que ao acordo de transmissão são aplicáveis as regras para os negócios obrigacionais, desde que não atritem com a natureza do ato dispositivo, isto é, de declaração de vontade destinada a produzir imediatamente a perda de um direito ou a sua modificação gravosa.[93]

O princípio da separação absoluta entre o plano dos direitos obrigacionais e o dos direitos reais tem sofrido temperamentos, em alguns casos, em parte como decorrência das críticas feitas ao sistema da transmissão abstrata da propriedade. Assim, a circunstância de ser o negócio antecedente contrário aos bons costumes poderá afetar a validade do negócio jurídico dispositivo. Igualmente, quando o negócio jurídico do direito das obrigações e o real se originarem de um ato de vontade unitário, cabe a impugnação do negócio jurídico de direito das coisas.[94] Ainda, em se tratando de bens móveis, admite-se que a eficácia do acordo de transmissão possa ser condicionada à do negócio jurídico obrigacional; as transmissões de imóveis são, porém, incondicionáveis, em virtude do §925, II, que declara ineficazes tanto a condição quanto o termo.

Constatam-se, hoje, na doutrina alemã, as posições mais diversas com relação ao problema da transmissão abstrata da propriedade. Alguns postulam a

---

[93] Negócio jurídico dispositivo é aquele que se constitui por declaração de vontade, destinada a produzir imediatamente perda de um direito ou a sua modificação gravosa. O imediatamente (*sofort*) não tem o significado que lhe atribui Von Tuhr, meramente temporal. A compra e venda, como contrato obrigacional, não é negócio de disposição, pois opera mediatamente, isto é, por meio do ato dispositivo. Este último, por sua vez, atua imediatamente, isto é, sobre o direito real, para transferi-lo, ou gravá-lo (Vd. Raap, Zustimmung und Verfügung, *Archiv f. die civ. Praxis*, v. 121, p. 258).
[94] Palandt–Danckelmann, *Kommentar*, p. 776-767.

adoção do sistema francês, de transmissão contratual, mas constituem inexpressiva minoria. Outros batem-se pela implantação de sistema semelhante ao do antigo direito comum, no qual a propriedade se transferia mediante o contrato obrigacional seguido de tradição. Por fim, há os que defendem a manutenção do acordo de transmissão, mas transformado em negócio jurídico causal.[95] A maioria dos autores, entretanto, permanece fiel ao sistema em vigor, afirmando ser desnecessário o acordo de transmissão causal, por importar em duplicação de negócios jurídicos, quando apenas o negócio obrigacional já seria suficiente.

O negócio dispositivo não tem apenas base histórica, romanística, nem é fruto do liberalismo. A separação de planos é decorrência lógica da distinção entre negócio jurídico obrigacional e real, pois, mesmo dentro do âmbito estrito do direito das obrigações, o adimplemento, como ato que extingue a obrigação, se opera em fase diversa e distanciada da do nascimento do vínculo. Quando o adimplemento da obrigação importa, entretanto, em alienação de domínio, não poderia o negócio obrigacional atingir área que lhe é estranha, necessitando, em tais hipóteses, para que o adimplemento se consume, da existência de negócio jurídico de direito das coisas.

Certo, no plano sociológico tal separação muitas vezes não é percebida, nem materialmente perceptível. No plano jurídico, porém, ela o é, além de necessária, evidenciando-se nítido o discrime entre o ato que cria a obrigação e o que a satisfaz. A linha divisória que se estende entre as duas dimensões, traçando a fronteira entre o campo obrigacional e o real, nem sempre implica, entretanto, abstração dos negócios jurídicos de direito das coisas.

Nos casos, ou nos sistemas, em que esses negócios jurídicos não se revelam como abstratos, diz-se que a separação, embora existente, não é absoluta, mas simplesmente relativa.

O que impede que se considere unitariamente a venda – como negócio, a um só tempo, obrigacional e dispositivo, composto de dois momentos, como sugere Larenz[96] – é a circunstância de ambos se situarem em planos diferentes.[97]

---

[95] Cp. Krause, Das Einigungsprinzip und die Neugestaltung des Sachenrechts, *Archiv f. die civ Praxis*, v. 145, p. 312; Larenz, *Lehrbuch*, v. II, p. 15 e segs. Entre os que defendem a possibilidade de um acordo de transmissão causal, está Lange, o qual afirma que isso não significaria sua eliminação em virtude das funções que ele exerce na construção dogmática (Rechtsgrundabhängigkeit der Verfügung in Boden- und Fahrnisrecht, *Archiv f. die civ. Praxis*, v. 146, p. 26 e segs.).
[96] *Lehrbuch*, v. II, p. 18.
[97] Palandt–Danckelmann, *Kommentar*, p. 767.

Mas, nada impede que a separação seja considerada de modo relativo, ao invés de absoluto, conferindo-se caráter causal ao negócio dispositivo e fazendo-se com que ele dependa do *negotium antecedens*.

Direito brasileiro

O sistema adotado, no Código Civil brasileiro, é o da separação relativa; e nele não se encontra a expressão "negócio jurídico" e, conseqüentemente, a de "negócio jurídico de disposição".

Como tivemos oportunidade de examinar, no sistema germânico, o ato de disposição é negócio jurídico das coisas e é abstrato. Tem-se afirmado, e isso parece deduzir-se de Gaio (3, 91), que a vontade de criar obrigações nem sempre é a mesma de solver. Assim, o ato de solução deveria abrigar, em seu conteúdo, vontade, senão adversa, pelo menos diversa do ato que cria obrigações. Na trilha dessa ordem de raciocínios, entendem alguns que a *solutio* necessita de vontade específica. O negócio dispositivo, em sistema de separação absoluta, tem vida própria e, em conseqüência, dever-se-á exigir vontade diversa da do ato que cria dever.

Além da vontade de adimplir em geral, exige o sistema germânico, em se tratando de imóveis, que o acordo diga respeito ao início da alienação ou modificação do direito (transferência ou imposição de ônus) e à transcrição dessa modificação no livro fundiário,[98] com a presença dos interessados.[99] No que diz respeito às coisas móveis, o acordo referir-se-á, simplesmente, à transferência.[100]

Em sistema de separação relativa, a declaração de vontade que dá conteúdo ao negócio dispositivo pode ser considerada co-declarada no negócio obrigacional antecedente.[101] É que na vontade de criar obrigações insere-se naturalmente a vontade de adimplir o prometido. Não fora assim, o negócio jurídico não teria as condições mínimas de seriedade que o direito exige. Daí

---

[98] §873.
[99] §925.
[100] §929 (trad.): "Para transferência da propriedade de uma coisa móvel, é necessário que o proprietário a entregue ao adquirente e que ambos estejam de acordo em que a propriedade deva ser transferida".
[101] Sem esclarecer suficientemente a sua concepção *de lege ferenda*, a respeito da consideração unitária de ambos os negócios, mesmo quando devessem ser separados no plano do pensamento (*gedanklich*), admite Larenz a hipótese de declaração, implícita, ou co-declaração (*Lehrbuch*, v. II, p. 18).

porque, quando alguém vende algo, demonstra, também, nesse preciso momento, vontade de adimplir o prometido.

Esta vontade de adimplir é inseparável, no plano psicológico, da vontade de criar obrigações. Faltaria seriedade à vontade criadora de dever, se, ao mesmo tempo, não se desejasse adimplir o prometido. Esta inseparabilidade de vontades, entretanto, só existe, como tal, no plano psicológico. No plano jurídico, bifurca-se essa vontade unitária, a fim de encher negócios jurídicos de dimensões diferentes: o obrigacional e o de adimplemento, ou de direito das coisas. Mas a vontade de adimplir, como decorrência lógica da vontade criadora de direitos e obrigações, somente existe naqueles casos em que o cumprimento de dever seja, a sua vez, negócio jurídico. Esta afirmativa parece óbvia, mas convém ter sempre presente que existem outros negócios dispositivos, inclusive de direito das coisas, que não se constituem em adimplemento de uma obrigação. Nos de garantia, quando alguém diz que "dá em hipoteca determinado imóvel para garantir mútuo anteriormente realizado", cuida-se de negócio de direito das coisas, negócio esse que não é decorrência lógica do mútuo, porque existem empréstimos sem garantia real, e o acordo de constituição do ônus é negócio jurídico no plano dos direitos reais. E aí se faz imprescindível a vontade dirigida à constituição do gravame. Essa, por sua vez, não se poderá considerar implícita no mútuo. Por outro lado, é preciso excluir, também, aqueles negócios jurídicos que tenham por finalidade a feitura de outros como os de pré-contratos. Aí, apesar de poder-se considerar implícita no plano psicológico a vontade de adimplir, juridicamente, em vista de o objeto do ato ser a feitura de um negócio, à sua conclusão é necessário que se manifeste a vontade. Cuida-se aí de uma obrigação de fazer, de realizar o negócio jurídico, e a obrigação é de emitir vontade de declará-la. Por esse motivo, não se pode considerar co-declarada no pré-contrato.

Em nosso direito imobiliário, o problema da causa encontrou singular relevo quanto à interpretação do art. 859 do Código Civil: "Presume-se pertencer o direito real à pessoa, em cujo nome se inscreveu, ou transcreveu". Para uns, entre eles, Filadelfo de Azevedo e Lysipo Garcia, a presunção era *iure et de iure*, determinando, assim, a legitimação aparente ao *non dominus* e acarretando *ipso facto* a aquisição da propriedade ao comprador, desde que de boa-fé.

Para outros, como Soriano de Souza Neto, Orosimbo Nonato e Hahnemann Guimarães, a presunção é meramente *iuris tantum*. É o ato causal e não abstrato. Por esta última corrente se inclinou o Supremo Tribunal Federal, o qual, em reiterados arestos, vem pondo termo à velha discussão.[102]

A abstração ou causalidade não tem sido examinada sob o ângulo do princípio da separação relativa de planos, pois o litígio se cingiu ao exame da presunção dimanante do art. 859 do Código Civil. Estabelecido que a transmissão era causal e que a *boa-fé* não tinha a virtude de tornar inatacável o domínio adquirido de quem não era proprietário, desprezou-se a fundamentação dogmática que essa posição deveria forçosamente exigir. Colaborou, para isso, a circunstância de examinar-se o sistema de translação de domínio independentemente de seu relacionamento com o negócio produtor de obrigações. Como aquisição derivada, como negócio de adimplemento (pagamento), fazia-se necessário o exame sob o cânon da totalidade, sem esquecer-se, todavia, das linhas diferenciais e das peculiaridades de ambos os setores do direito civil.

A divisão em planos não tem por finalidade apenas determinar se o ato é abstrato ou causal, ou diferençar nascimento de obrigação de seu adimplemento, mas é útil, sobretudo, ao estabelecimento de um discrime entre os princípios e requisitos dos atos que se inserem num ou noutro setor. Esse discrime é básico, e tem sua maior importância quando se trata de adimplemento que consiste na transferência de propriedade.

À luz dessas categorias, entendidas, aqui, como planos de desenvolvimento de determinadas relações jurídicas, é que se poderá examinar dogmaticamente o conceito de obrigação e sobretudo o de adimplemento, principalmente na hipótese de transferência de propriedade, que se torna incompreensível quando não se leva na devida conta a duplicidade de dimensões.

Recentemente, Pontes de Miranda, em seu *Tratado de direito privado*, sustentou que a transmissão imobiliária era, em nosso direito, abstrata, sendo aquela que recaísse sobre móveis, contudo, causal.[103]

A admissão, porém, de um acordo de transmissão abstrato, característico do sistema de separação absoluta de planos, equipararia, pelo menos em suas linhas gerais, o nosso sistema ao do Código Civil germânico de 1900, no que diz respeito à transferência de bens imóveis. Mas essa forma de considerar o sistema brasileiro não tem sido acolhida. Não vale aqui renovar toda a discussão

---

[102] Acs. de 17-12-1941, *Jurisprudência do STF*, XIII, 19; idem de 21-1-1946, *Arq. Jud.*, 81/204; idem mesma data, *Rev. For.*, CIX, 108; idem de 26-12-1946, *Rev. Tribs.*, 169/383; idem 2-12-1949, *Arq. Jud.*, 86/959; idem de 27-9-1948, *Rev. For.*, 123/120; idem de 10-5-1950, *Arq. Jud.*, 94/203; idem de 3-4-1959, *Arq. Jud.*, 94/313; *Arq. Jud.*, 280/330.
[103] *Tratado*, v. 3, p. 109 e 160, passim; Código Civil, art. 622 (1.268).

a respeito, uma vez que, em grande maioria, a doutrina e a jurisprudência se inclinaram – e vêm-se mantendo sem discrepância – a favor da causalidade. No direito brasileiro, não existem artigos similares aos §§873, 925 e 929, do BGB, que poderiam ensejar tratamento similar ao do direito alemão.

O sistema germânico, como já se aludiu, tem sofrido sérias críticas, pois a complexidade do sistema faz com que sejam necessários – como pondera Larenz – três atos jurídicos para transmitir um bem, nos casos de compra e venda: o contrato de compra e venda (obrigacional), o acordo de transmissão a respeito da propriedade do bem vendido (negócio jurídico de direito das coisas) e, finalmente, o acordo de transmissão sobre o preço (também negócio jurídico de direito das coisas).[104] Sobre cada um desses negócios jurídicos, que podem ser realizados em momentos diversos, deveriam incidir, pelo menos logicamente, regras a respeito de capacidade, o que, de si só, serve para demonstrar o artificialismo da construção adotada.

No direito brasileiro, entretanto, a vontade deve ser considerada como co-declarada no negócio de compra e venda, conforme já salientamos. As regras a respeito da capacidade, ponto nevrálgico da construção alemã, incidirão, em nosso sistema, no momento da feitura do ato produtor de obrigações, vigorando não só para este, como também para o de adimplemento.

Um dos argumentos preponderantes para a aceitação do negócio jurídico de disposição como causal proveio da regra exarada no art. 622 (1.268) do Código Civil: "Feita por quem não seja proprietário, a tradição não alheia a propriedade. Mas, se o adquirente estiver de boa-fé, e o alienante adquirir depois o domínio, considera-se revalidada a transferência e operado o efeito da tradição, desde o momento do seu ato. Parágrafo único: Também não transfere o domínio a tradição, quando tiver por título um ato nulo". Por meio de hermenêutica integradora passou esta regra a cobrir todo o sistema de transferência de propriedade. Outro dispositivo de valor fundamental, para precisar o conceito, entre nós, do negócio jurídico de disposição, é o art. 933 (307), parágrafo único: "Se, porém, se der em pagamento coisa fungível, não se poderá mais reclamar do credor, que, de boa-fé, a recebeu, e consumiu, ainda que o solvente não tivesse o direito de alheá-la".

Cuida-se, no art. 933 (307), sem dúvida alguma, de negócio jurídico de disposição. Alude-se à existência do poder de alienar, que outra coisa não é senão o poder de dispor.

---

[104] Larenz, *Lehrbuch*, v. II, p. 2.

Para eficácia do negócio dispositivo, faz-se necessária a titularidade concomitante do poder de disposição.[105]

A expressão contida no art. 933 (307), "só valerá o pagamento (...)", poderia sugerir a conclusão de que, se este fosse feito por alguém não titular do domínio, nulo ou anulável seria o ato. Não se trata, porém, de invalidade, mas sim de ineficácia.

A seu turno, poder-se-ia crer, da leitura do art. 622 (1.268), que a tradição fosse ato dispositivo. Tal conclusão, porém, constituir-se-ia em equívoco, sem embargo de assim ter pensado Savigny. A tradição é ato real, ato-fato, insusceptível de sofrer condição. Fosse a disposição ato-fato, e não se lhe poderia condicionar. Dessa afirmativa resultaria a impossibilidade de realizar-se venda com reserva de domínio, porque, nessa figura, o negócio jurídico de disposição é condicionado.

É necessário, pois, separar a mera entrega de um objeto da declaração de vontade que repercute no plano do direito das coisas e que informa o negócio dispositivo. Quando coincidirem no tempo, a declaração de vontade – que gera o negócio obrigacional e real – e a entrega do objeto prometido, a eficácia efetua-se instantaneamente.

Essa duplicidade de planos – sobre os quais se fundamenta o sistema do nosso Código Civil – torna impossível, como se afirmou, qualquer tentativa de tratarem-se unitariamente os negócios jurídicos.

Quem vende um imóvel, por escritura pública, não necessitará de outro ato, ou de outra declaração de vontade, para que possa ser realizado o registro, pois, na vontade de vender – frise-se mais uma vez – está a vontade de adimplir, de transmitir, que, por si só, é suficiente para permitir o registro no albo imobiliário.

Mas não se considere que, por isso, a compra e venda tenha eficácia obrigacional e real, como sustenta Darcy Bessone: "entre nós, não se pode aceitar a tese (do acordo de transmissão), a que se aludiu, por ser certo que não dispomos de um segundo acordo de vontade, de um segundo negócio integrativo, de um negócio de transmissão dominical. No direito brasileiro é a própria compra e venda que o integra".[106]

---

[105] Vd. arts. 622, *in fine*, e 1.678 (1.912).
[106] Bessone, *Compra e venda*, 1960, p. 79. Além disso, procura fundamentar a espécie, tirando argumento do art. 134 (108), II, do Código Civil, com a seguinte redação: "É, outrossim, da substância do ato a escritura pública ... nos contratos constitutivos ou translativos de direitos reais de valor superior a dez mil cruzeiros, excetuado o penhor agrícola". Da simples leitura desse artigo, a conclusão não

Essa forma de focar o problema assemelha-se, mas não se confunde, com a de Larenz, o qual aceita, como já se referiu, a co-declaração da vontade de adimplemento. Erra, porém, ao não distinguir suficientemente os planos em que repercutem ambos os negócios. O tratamento unitário não é admissível em virtude da separação, não só entre direito pessoal e real, como também entre o da formação dos deveres e o da sua extinção.

No fundo, a concepção de Darcy Bessone retira a compra e venda do plano dos atos criadores de obrigações, para enquadrá-la no plano de transmissão dos direitos reais, isto é, no do adimplemento. Ora, a existência de planos resulta de exigência lógica e verificável no tráfico. No plano obrigacional nasce e se desenvolve o dever. É aí que se opera a determinação nas obrigações genéricas e alternativas. Admitindo-se que a venda tenha efeitos reais, o negócio de disposição será eficaz antes ainda de haver-se determinado a prestação que ele adimple. Ou então é a própria compra e venda que será ineficaz, mas, nesta hipótese, não se explicaria a existência de obrigação de dar, que já é eficácia. Dever-se-ia exigir, para a compra e venda, o requisito do poder de disposição. Mas este requisito, segundo o art. 933 (*307*) do Código Civil, é do pagamento, vale dizer, do adimplemento.

Em suas linhas gerais, a teoria de Darcy Bessone aproxima-se do sistema do direito comum, anterior ao Código Civil alemão de 1900, constituído do negócio obrigacional (*titulus*) e da tradição ou transcrição (*modus adquirendi*). Para a continuação da análise da posição que estamos examinando impõe-se, assim, a determinação prévia da natureza jurídica da tradição e da transcrição.

---

seria favorável a ponto de vista de Darcy Bessone – compra e venda obrigacional e real – mas ao de Pontes de Miranda: compra e venda, e acordo de transmissão, como contratos formados de duas volições separadas, concepção essa harmonizável com o princípio da separação absoluta de planos, de que decorreria a abstratividade. Mas não é essa a conclusão a que se deve chegar, pela leitura desse artigo. Conforme já se mencionou, existem contratos que exigem declaração específica, contratos de direito das coisas, isto é, que se situam no plano dos direitos reais, tais como hipoteca, penhor etc., cuja declaração de vontade não decorre da mesma vontade que forma o conteúdo do negócio obrigacional. Não se pode considerar a venda contrato obrigacional e real, em virtude do princípio da separação relativa de planos (relativa, porque o negócio dispositivo é causal). Esse princípio não mereceu entre nós tratamento dogmático, contentando-se os autores, sumariamente, em distinguir os direitos reais dos obrigacionais, sem examinarem, contudo, o princípio da separação de planos, tal como estamos fazendo. Milita, também, contrariamente à admissão da compra e venda como negócio obrigacional e real a circunstância de ser, então, requisito a titularidade de poder dispositivo. Decorre daí que, feita por quem não o tivesse, nem fosse legitimado, ainda que a venda fosse a termo, nulo seria o convencionado. Desse modo, equiparar-se-ia insolvência inicial, impossibilidade da conclusão do negócio obrigacional, à impossibilidade absoluta, quando tal princípio não é consagrado pelo nosso código.

É indiscutível que a tradição é ato-fato, ou ato real,[107] e a transcrição é ato de direito público, não integrado pela vontade dos particulares.

Krause, salientando a distinção entre o negócio dispositivo e a tradição, arrola os seguintes argumentos:

a) o negócio dispositivo permite a inserção de uma condição. O exemplo principal é a reserva de domínio. A tradição, como tal, não admite condição.
b) o negócio dispositivo é possível de representação. A tradição não a permite, pois não constitui negócio jurídico; aí, somente, podem ser consideradas as figuras jurídicas da posse e da servidão de posse;
c) além disso, medite-se nas hipóteses em que o negócio dispositivo produz por si só a transmissão de propriedade, como na *traditio brevi manu*, no *constituto possessorio* e na cessão de pretensão à entrega.[108] Nestas últimas, cuida-se da vontade específica que não se pode haver, obviamente, como co-declaradas no negócio obrigacional.

Os autores que constroem o sistema sobre a base pura e simples da distinção entre *titulus* e *modus adquirendi* deverão, forçosamente, considerar a compra e venda como negócio meramente obrigacional, ou entender a tradição e a transcrição como ato-fato dispositivo. Tal concepção levaria a concluir que a venda com reserva de domínio é venda condicionada e a titularidade do poder de disposição, em se tratando de direito de propriedade, seria conumerada como requisito da compra e venda, acarretando sua não-implementação nulidade do negócio jurídico obrigacional.

O art. 933 (307) do Código Civil, no entanto, estabelece a exigência da titularidade do poder de disposição (poder de alienar), não como pressuposto do negócio obrigacional, mas sim do pagamento. Fixado que o requisito diz respeito ao adimplemento, a alternativa doutrinária que restaria, de considerar a tradição como ato-fato dispositivo, também não colhe melhor perspectiva, muito embora a característica de ser abstrato o ato-fato, e abstrata a transmissão em geral, tivesse levado alguns juristas a essa conclusão. Hoje, porém, a qualificação da tradição como ato-fato dispositivo está ultrapassada.[109]

---

[107] Miranda, *Tratado*, v. 3, p. cit.; Enneccerus–Nipperdey, *Lehrbuch*, I, 1, p. 869; Staudinger–Coing, *Kommentar*, v. I, p. 505-506; Palandt–Danckelmann, *Kommentar*, p. 64; Krause, Das Einigungsprinzip cit., p. 319.
[108] Krause, Das Einigungsprinzip cit., p. 318.
[109] Para que não se incida em erro, é preciso atentar que a abstração do ato-fato, em geral, e da tradição, em particular, significa apenas que esta é sempre a mesma, seja decorrente de compra e venda, penhor etc. Quem define a que espécie de direito real se relaciona a tradição é o negócio dispositivo.

A seu turno, admitindo-se que o poder de disposição seja necessário para a eficácia do pagamento (art. 933 *[307]*), deve-se concluir, também, com rigor inflexível de lógica, que o condicionamento do ato dispositivo só se pode situar no plano em que ele se realiza, ou seja, no do direito das coisas. Sendo o poder de disposição requisito do pagamento, o condicionamento do ato opera, obviamente, sobre o adimplemento. No direito alemão, é incondicionável, sob a reserva de domínio, a transmissão da propriedade imóvel.[110] No direito brasileiro, também a reserva de domínio é aplicável, somente, às coisas móveis. Mas, como a tradição é ato real e como tal incondicionável, surge a questão de saber qual o ato que sofre a condição de reserva de domínio. Se não for a compra e venda, porque, para esta, o poder de disposição não se constitui em requisito; se não for a tradição, porque esta é incondicional, temos de concluir, de modo indesviável, que a *conditio* se insere num negócio jurídico situado entre a compra e venda (obrigacional) e a tradição (direito das coisas), entre o *titulus* e o *modus adquirendi*, enfim, no negócio dispositivo a que alude o art. 933 *(307)* do Código Civil.[111] A causalidade desse negócio jurídico também não lhe dará a categoria de mero negócio auxiliar.

Impede esta concepção a circunstância de se encontrarem o negócio obrigacional e o real em diferentes planos. Ademais, o negócio dispositivo exerce funções específicas, sendo possível seu condicionamento, e tendo requisitos próprios, como a titularidade do poder de disposição.

Conseqüências da separação de planos

Além das que já foram anteriormente explanadas e relativas aos negócios jurídicos de adimplemento, a sua causalidade ou abstração, outras conseqüências resultam do referido princípio. A principal delas é a determinação do objeto da dívida, que se constitui em regra também de grande importância e incide sobre o plano obrigacional. A obrigação dirige-se à prestação, ao ato que

---

A abstração aqui tem meramente o significado de fim. Como ato real, ato material, em que não se insere a vontade, não há de revelar a causa, o fim, pois esse elemento se liga com a vontade. "*Die Einigung ist Bestimmungsgrund für die Art des dinglichen Rechts. Die Ubergabe ist immer gleich*" (Krause, Das Einigungsprinzip cit., p. 317).
[110] §925, II.
[111] É preciso não perder de vista que "o poder jurídico de dispor sobre um direito subjetivo é uma exigência do negócio dispositivo. Não se pode confundir esse poder com a capacidade negocial. Esta última é um atributo da pessoa, enquanto o poder dispositivo é uma relação com o direito subjetivo" (Enneccerus–Nipperdey, *Lehrbuch*, I, 2, p. 885).

a satisfaça. O mundo dos negócios alterou o princípio da determinação quanto à pessoa. Normalmente, presta-se, adimple-se, ao credor pessoalmente, ou ao seu mandatário, ou à sociedade credora, ou à pessoa de direito público, depositando a dívida nas mãos do credor, no domicílio do devedor,[112] quando a dívida for *quérable*, ou depositando-a dentro da órbita de disposição fática do credor (órgão de recepção, pagadoria etc.), em se tratando de dívida *portable*. Mas, em nossos dias, realizam-se muitos negócios jurídicos em que é totalmente desconhecido o credor, sem que haja, em princípio, qualquer interesse em determiná-lo. Estamos referindo-nos à denominada venda mecânica, isto é, aquela em que a atividade do vendedor-pessoa é substituída por uma máquina. Certamente, o artefato deverá ter proprietário e a atribuição patrimonial que se faça no ato de depositar o dinheiro no receptáculo mecânico equipara-se ao de colocá-lo nas mãos do credor, ou no órgão de recepção ou pagadoria de uma sociedade. E, do mesmo modo, é exato que o objeto assim vendido está sujeito às regras gerais aplicáveis à compra e venda, inclusive quanto a uma eventual resolução por vícios redibitórios. Como venda feita ao indivíduo, integrante da coletividade, como "contrato de massa", estará sujeito às regras referentes a esse tipo de negócios. O importante, sob o aspecto dogmático, é que o adimplemento, de ambas as partes, se realiza com absoluta falta de conhecimento de quem seja o vendedor. Exigir-se-á, contudo, a possibilidade de individuação apenas para fins de garantia, a respeito de falta ou vício de mercadoria. A indeterminabilidade absoluta equivaleria à inexistência do sujeito e impediria, logicamente, que se pudesse considerar como vínculo que se constituísse com um só sujeito.

    A determinação é requisito não só do sujeito, mas também do objeto. A determinação quanto ao último aspecto opera-se sempre no plano obrigacional e refere-se às obrigações de dar coisa genérica e às alternativas. A determinação que se opera no plano obrigacional é, entretanto, requisito do pagamento, do adimplemento. Para que alguém possa solver é imprescindível que o objeto da prestação (o bem, a cousa) esteja perfeitamente individuado.

    Constitui-se, por isso, a determinação do objeto em requisito da eficácia do negócio dispositivo. Ela se realiza no plano obrigacional e constitui fase do desenvolvimento do vínculo em direção ao adimplemento. Mas o adimplemento, como tal, não pertence à "construção" da obrigação, pois é o ato que a extingue.

---

[112] Código Civil, art. 950 (327). Vd. Dilcher, Der Zugang von Willenserklärungen, *Archiv f. die civ. Praxis*, v. 154, p. 120 e segs.

Comparando, portanto, a determinação do sujeito do vínculo obrigacional com a do objeto da prestação, chega-se à conclusão de que a determinação daquele pode correr posteriormente ao adimplemento. A determinação do objeto da prestação, entretanto, deve ocorrer antes do adimplemento, sob pena de ineficácia. Isso é importante, porque não é apenas o pagamento que extingue a dívida, mas o pagamento eficaz. No plano de adimplemento, inserir-se-ão as regras, a ele referentes, previstas no art. 930 (304) e seguintes do Código Civil e correspondentes ao pagamento. Demais isso, quando o pagamento consistir em transferência de direitos reais ou na sua modificação gravosa, incidirão, também, as regras referentes à tradição e à transcrição. Por fim, a separação de planos tem efeitos no tocante ao tipo de ação que será utilizada. Se se tratar de demanda para adimplemento, a ação será pessoal e ensejará execução específica, como adiante será visto. Se o imóvel já tiver sido transcrito, a ação poderá ser reivindicatória, se bem que nessa hipótese já estará extinta a obrigação principal, pela realização do pagamento. A ação, aí, será de domínio, sem qualquer relação com o vínculo obrigacional, salvo no que respeitar a uma eventual verificação de causa. Como se viu, a distinção em planos tem importância fundamental no exame dogmático das obrigações. Sem levar em conta essa distinção, poder-se-ão cometer erros sérios de ordem doutrinária, que se repetirão forçosamente nas soluções práticas.

Capítulo II

A obrigação como processo

Entre as aplicações do termo "processo" a que já aludimos, é necessário acrescentar a sociológica, pois a sociologia tem como fundamento de sua sistemática o conceito de "processo social". A valorização, todavia, que a sociologia faz da finalidade é diversa da jurídica, não só em virtude do objeto formal, como também da circunstância de que fins diversos podem determinar o mesmo ritmo e direção ao processo social, enquanto fins iguais podem conduzir a linhas de movimento totalmente diferentes deste mesmo processo.[113] Sob o ângulo jurídico, a finalidade emerge como integrante da teoria da causa, a que também já nos referimos. Mas no tratamento da finalidade fora do campo da atribuição patrimonial, como conceito geral, verifica-se que a finalidade é imprescindível a todo e qualquer ato jurídico (quanto ao negócio jurídico como ato sempre final, ver Flume, op. cit., p. 24). Na sociedade, e.g., a finalidade obrigatoriamente há de constar em seu ato constitutivo. Em outros, como na compra e venda, o fim restringe-se mais, pois consiste apenas na função que exerce esse negócio jurídico, e os demais aspectos referentes ao objetivo da aquisição (motivos) são deixados à margem da valorização jurídica. Ao comparar os negócios jurídicos mencionados, de imediato verifica-se que no contrato de sociedade se contém toda a finalidade de sua criação, mas a mesma amplitude não se constata na hipótese de venda. Há, em conseqüência, que distinguir e tirar ilação: existem figuras jurídicas em que a finalidade toda compõe o suporte fático; e outras em que tal não sucede. Por vezes, o exame *in abstracto* não revela o fim, e somente quando se pensa concretamente, em contrato determinado, é que se verifica que a finalidade é essencial ao contrato.

---

[113] Wiese, *System*, p. 153 e segs.

Sucede, assim, no contrato de trabalho,[114] em cuja categoria jurídica não parece inserir-se toda a finalidade. Examine-se, porém, caso a caso, e a solução será diversa. Quem procura, e.g., serviços médicos, somente o faz por necessidade de tratamento ou cura, própria ou de terceiro.

O mesmo ocorre com todos os demais serviços de natureza específica ou técnica. Contudo, não se deve pensar que a "complexidade" do desenvolvimento do vínculo esteja condicionada à extensão da inserção do fim no suporte fático do negócio jurídico. A hermenêutica e a categoria jurídica do ato é que darão a medida do desenvolvimento do processo até o adimplemento total.

De alguns negócios jurídicos brotam obrigações cujo adimplemento se pode considerar realizado, ainda que não se obtenha o fim do contrato e mesmo que não se tenha verificado o obstáculo da *vis major*. Os autores franceses, os primeiros que observaram esse fenômeno, denominaram e dividiram as obrigações em "de meios e de resultado".[115] Essa distinção tem sido objeto de críticas. De qualquer forma, serve bem para caracterizar a existência de certos deveres em cujo processo a obtenção do fim, embora certamente desejada, não constitui, por si só, critério para verificar se houve, ou não, adimplemento. A situação pode parecer paradoxal; se atentarmos, porém, para a espécie de contratos em que se podem manifestar as denominadas "obrigações de meios", já veremos as razões pelas quais o direito assim as disciplina.

O médico – e este parece ser o melhor exemplo – não se obriga, via de regra, à cura do doente, ainda que assim se possa vulgarmente pensar. Compete-lhe, apenas, aplicar a técnica que a medicina lhe põe à disposição, zelando pelo tratamento que deverá ser aplicado ao doente. Se tudo, porém, for em vão e sobrevier, digamos, o falecimento, o médico poderá ser responsável, inclusive criminalmente, mas não se presume seja ele culpado somente pela não obtenção da cura. Não se pense, contudo, em razão das circunstâncias apontadas, que o fim não integre o processo das "obrigações de meios". A finalidade é também indissociável do contrato realizado com o médico.

O "processo" da obrigação liga-se diretamente com as fontes (como nascem os deveres) e com o desenvolvimento do vínculo. No capítulo anterior procuramos mostrar como existem, atualmente, certos interesses que se constituíram em fontes não enumeradas pela doutrina tradicional.

---

[114] Vd. Esser, *Schuldrecht*, p. 49.
[115] Mazeaud–Tunc, *Traité de la responsabilité civile*, v. I, 1957, p. 117 e segs.

Alguns deles são decorrência de novos fatos sociais, cuja existência chamou atenção ao problema da crise da teoria das fontes dos direitos e obrigações. Mais importante, porém, que esses *loci*, cuja força instrumental de formar novas instituições não pode ainda ser objeto de exata previsão, é o novo conceito de sistema jurídico hoje imperante. O que se denomina crise das fontes não é tanto o resultado da observação de que novos fatos sociais merecem tratamento inamoldável aos postulados até há pouco vigorantes na ciência do direito, mas, sobretudo, a certeza de que o raciocínio jurídico não se deve orientar puramente pelo método dedutivo, nem deve deixar à margem certos fatos que, não faz muito, eram considerados de exclusiva competência de outras ciências, como, e.g., da sociologia.

Os princípios jurídicos examinados no capítulo precedente comandam o nascimento de deveres e direitos (fontes) e o desenvolvimento das obrigações.

Sob o aspecto lógico-jurídico, o exame das fontes tem sido considerado problema atinente ao âmbito da teoria geral do direito. Via de regra, as monografias a respeito do direito das obrigações versam a matéria somente de modo analítico, mas, atualmente, é necessário estabelecer ligação entre os princípios gerais que regem as fontes e o exame de suas espécies, de modo conjunto, pois há mútua relação.

Serão tratados, neste capítulo, o problema das fontes, o da estrutura e intensidade do vínculo, bem como o principal obstáculo ao seu desenvolvimento, a teoria da impossibilidade em seus aspectos gerais.

A crise da teoria das fontes

A crise da teoria das fontes resulta da admissão de princípios tradicionalmente considerados metajurídicos no campo da ciência do direito, aluindo-se, assim, o rigor lógico do sistema com fundamento no puro raciocínio dedutivo. Em verdade, outros fatores passaram a influir poderosamente no nascimento e desenvolvimento do vínculo obrigacional, fatores esses decorrentes da cultura e da imersão dos valores que os códigos revelam no campo social e das transformações e modificações que produzem. A crise decorre da concepção de que um código por mais amplo que seja não esgota o *corpus juris* vigente, o qual se manifesta através de princípios, máximas, usos, diretivas, não apenas na interpretação judicial, como também na doutrinária. Tanto essa afirmativa constitui um truísmo que é freqüente citar-se certa passagem ocorrida com Napoleão, relativamente a seu código, quando soube que o primeiro "comentário" estava em vias de conclusão. Afirma-se que ele então teria exclamado: "*Mon Code est perdu*".

A teoria da subsunção

O tratamento lógico-formal é indispensável para que se possa compreender a formação dos direitos, pretensões e ações, direitos formativos e posições jurídicas, bem como os deveres, obrigações, exceções. Sob esse ângulo, a norma pode ser decomposta como toda e qualquer proposição: sujeito, predicado e imputação do predicado ao sujeito. Em se tratando de proposição jurídica, o suporte fático[116] corresponde ao sujeito da proposição e o efeito jurídico ao predicado.[117]

A ciência atual diverge a respeito de como sucede o nascimento do direito e do dever, se, à semelhança das ciências físicas ou naturais, o suporte fático é causa do direito subjetivo, ou se, apenas, sua condição.[118]

Para aqueles que entendem que o fato previsto pela norma não é propriamente causa do efeito jurídico, ou melhor, do que ocorre ou sucede no mundo do direito, já o processo de nascimento dos direitos e deveres não poderá ser representado com apoio nas leis das ciências naturais.[119] Todavia, inclinamo-nos a considerar que o suporte fático seja condição para ingresso de efeitos jurídicos, pois a ciência do direito não pertence ao elenco das ciências da natureza. O fato jurídico surge em razão da concreção das normas e dos princípios jurídicos sobre o fato de que resulta ou, pelo menos, pode resultar direito e dever.[120] Há,

---

[116] Pontes de Miranda criou a expressão "suporte fático" para traduzir o vocábulo técnico germânico *Tatbestand*. Outros usam com o mesmo significado os termos "pressuposto de fato", "suposto de fato". Os juristas italianos utilizam o termo *fattispecie*, que é aglutinação da expressão latina medieval *species facti*. E *species* é o correspondente latino de *Eidos*, figura, forma. Já houve, entre nós, quem propusesse o termo "fatespécie". Na linguagem forense usa-se, por vezes, a expressão "espécie", para significar o caso, o enquadramento dos fatos, referindo-se ao direito material. *Tatbestand*, como termo jurídico, é mais amplo e abrange todo e qualquer fato previsto pelas normas. Em algumas traduções espanholas, como na de von Thur (*Allgemeiner Teil des Bürgerlichen Rechts*), utiliza-se o vocábulo *factum*, o qual, na Idade Média, tinha o significado de "*scriptum solemne, quo firmatur donnum, concessio, pactum contractus*" (Du Cange, *Glossarium ad scriptores mediae et infimae latinitatis*, 1733, v. III, p. 298).

[117] Larenz, *Methodenlehre der Rechtswissenschaft*, 1960, p. 149 e segs., e Fall-Norm-Typus, *Festgabe für Hermann und Marie Glockner*, 1966, p. 149-163; vd. sobretudo Reale, *O direito como experiência*, 1968, passim.

[118] A respeito das conseqüências decorrentes da adoção de uma ou outra posição, vd. Engisch, *Einführung in das juristische Denken*, 1950, p. 35 e segs.

[119] Larenz, *Methodenlehre*, p. cit.

também, fatos jurídicos ineficazes, isto é, dos quais não promanam direitos e deveres, como os negócios jurídicos sob condição suspensiva.

Os fatos jurídicos situam-se na dimensão da existência, e os direitos e deveres na da eficácia.[121] Tanto a existência quanto a eficácia jurídica pertencem ao plano do pensamento ou da "vigência jurídica".[122]

O caráter do nexo de imputação da proposição jurídica, que liga o suporte fático ao efeito jurídico, tem sido objeto de investigações da teoria geral do direito, de que decorrem inegáveis implicações para a dogmática jurídica. Kelsen, por exemplo, em inumeráveis obras, dá-lhe a qualificação de "dever ser". Assim, quando se efetua a concreção, devem resultar direitos e deveres. Mas, pondo-se a assertiva no "campo de provas" da ciência do direito, já se verifica o erro: perante esta, o axioma seria o de que se *A* existe, existe também *B*, ou sucede *B*. A proposição kelseniana (se *A* existe, deve existir *B*) aboliria a dimensão do direito material.

A definição, aliás, da obrigação como "ser do mundo do pensamento" não era desconhecida dos juristas romanos, que a denominavam *res incorporalis*, ao lado do usufruto e da herança, conforme se lê em Gaio,[123] o que demonstra que os juristas clássicos já tinham suficiente poder de abstração para separar os conceitos de seu substrato empírico.

Outro aspecto que merece exame é a afirmação, própria da teoria do direito como imperativo, de que os efeitos jurídicos seriam sempre ordens e proibições. Em realidade, o que sucede no mundo do direito nem sempre é um imperativo, nem sempre dá margem à constituição de direitos e deveres. O que se manifesta no mundo jurídico em decorrência da concreção pode ser de outra natureza, tal como ocorre nas modificações do *status* de uma pessoa, perda de poderes jurídicos (revogação de uma procuração) etc.[124]

Na composição do suporte fático podem inserir-se efeitos jurídicos já realizados ou ainda em realização, com o que se prova que não há separação tão absoluta entre os seres do mundo jurídico e do mundo fático.[125] O suporte

---

[120] Miranda, *Tratado*, passim.
[121] Idem, ob. cit. A divisão precisa em planos de existência, validade e eficácia dos fatos jurídicos deve-se a Pontes de Miranda e constitui notável conquista para a dogmática jurídica. A divisão em planos, mesmo no direito germânico, ainda está em forma embrionária (vd. Flume, op. cit., p. 26).
[122] Idem; Larenz, ob. cit., p. 151.
[123] 2, 12. Vd. Sokolowski, *Die Philosophie*, v. I, p. 41 e segs.
[124] Larenz, *Methodenlehre*, p. 155.
[125] Idem, p. cit.

fático, à sua vez, pode ser dividido em simples ou complexo, conforme seja condição para o efeito jurídico um fato somente ou vários deles. O suporte fático pode, ainda, ser determinado através da incidência ou concreção de diversas proposições jurídicas, do que pode ocorrer multiplicidade de efeitos jurídicos, como, por exemplo, a possibilidade de propor diversas ações (cumulação), de possuir diversas pretensões, com resultados diversos, ou com o mesmo (concorrência de pretensões e ações).

O pensamento lógico-formal é necessário à compreensão do sistema jurídico. O direito, todavia, não se esgota com o mero exercício dos axiomas lógico-formais. Daí, por que, em determinado momento histórico, o direito sempre apresenta lacunas que a interpretação vai preenchendo sem nunca chegar ao ideal de desvendar *in totum* o *corpus juris* vigente, atingindo, assim, as suas últimas fronteiras.

As lacunas e a cláusula geral

O aspecto lógico-formal da subsunção consiste em verificar se os fatos que a norma descreve *in abstracto* realmente ocorreram no mundo social, sendo que, em hipótese afirmativa, esses fatos "entram" no mundo jurídico. Para efeitos de subsunção, considera-se norma não apenas a *lex scripta*, mas também a obtida através da aplicação de determinados cânones hermenêuticos. A fim de que se pudesse tratar da subsunção apenas como problema lógico-formal, conforme fazia a corrente dominante no século XIX e em boa parte deste século, seria necessário considerar-se o mundo jurídico como totalidade, preenchendo-se a eventual lacuna legislativa com o raciocínio axiomático. Daí decorreria o postulado de que não haverá direito sem fundamento em lei ou que dela não puder ser deduzido. Essa teoria rígida das fontes encontrou sua justificação com o positivismo, ou com o conceito positivista de ciência. Não se pense que essa orientação do pensamento jurídico se tenha feito pregoeira apenas do método exegético gramatical e se haja filiado à jurisprudência de conceitos. A integração das lacunas legislativas realizava-se através do sentido e finalidade das demais leis integrantes do código, levando-se também em consideração a base típica de interesses que as ditou. E a própria *analogia legis vel iuris* não lhes era estranha.[126] À parte este instrumental técnico utilizável pelo exegeta, todos os princípios que não pudessem ser deduzidos por aqueles processos não se

---

[126] Riezler, Der totgesagte Positivismus, *Festsch. f. Fritz Schulz*, 1951, p. 330 e segs.

deveriam considerar jurídicos. Daí por que os juristas da escola positivista não têm apreço pelas possibilidades criadoras decorrentes da admissão de "cláusulas gerais". De tal atitude resulta que as soluções jurídicas ganham, inegavelmente, em certeza, com prejuízo, no entanto, do aspecto propriamente ético. Com a superação, em nossos dias, do conceito de sistema como algo fechado, surgem as contribuições da sociologia e as experiências da jurisprudência. A questão fundamental endereça-se agora ao sentido e ao valor do sistema, e torna-se claro que a lógica formal, fundada no princípio de não contradição, possui valor bem menor do que supunha a ciência do direito do século precedente.[127]

A ciência jurídica não comporta o raciocínio matemático e somente se pode falar em ciência tomando o vocábulo *lato sensu*.

Para superar a *forma mentis* meramente axiomática, aplicaram uns o conceito hegeliano de "concreto-geral",[128] e outros recorreram aos *topois* ou *loci* (da "Tópica"),[129] ou seja, ao raciocínio casuístico.

O perigo que aí desponta é o término do sistema, ainda que *lato sensu*, substituído pelo que se denominou pluralidade de sistemas.

A coexistência, porém, do raciocínio dedutivo com o casuístico não é nova na história do pensamento ocidental. Essa concomitância manifesta-se em quase todas as épocas. Nos últimos dois séculos, apenas, ele se fez menos presente na filosofia e conseqüentemente em todas as ciências que com ela vivem em mútua relação, como o direito.

Em suma, a sistemática atual é predominantemente dedutiva, mas dá larga margem para que se possa pensar casuisticamente, do que pode resultar a descoberta de novos princípios e a formação de novos institutos. E assim é porque, embora a codificação possa ter a virtualidade de revogar todas as normas conflitantes com o novo código,[130] não terá a virtude de ab-rogar, entretanto, todos os princípios jurídicos, mormente aqueles considerados fundamentais.

Esser, ao examinar os princípios que ele denomina pré-positivos e que entram no corpo do direito pela "cláusula geral", salienta o papel de *transformator* da jurisprudência.[131] Manifesta-se aqui novamente a mútua relação entre

---

[127] Coing, *Zur Geschichte des Privatrechtsystems*, 1962, p. 27.
[128] Larenz, *Methodenlehre*, p. 335 e ss.
[129] Viehweg, *Topik und Jurisprudenz*, p. 15 e ss.; Esser, *Grundsatz und Norm*, p. 46 e segs.; Engisch, *Einführung*, p. 190; Wieacker, *Gesetz und Richterkunst*, p. 7.
[130] Assim sucedeu com o nosso Código Civil, o qual, em seu art. 1.807, determina: "Ficam revogadas as Ordenações, Alvarás, Leis, Decretos, Resoluções, Usos e Costumes concernentes às matérias de direito civil reguladas neste Código."
[131] *Grundsatz und Norm*, p. 52 e segs.

processo e direito material, entre ação e direito subjetivo. No direito romano, a *actio* era mais importante que o direito subjetivo. E pode-se dizer que ela o comandava, mesmo porque não havia uma definição de âmbito geral para direito subjetivo.[132]

Este último começou a tornar-se mais importante através da aplicação do conceito de causa material, o que ocorreu com os glosadores. O direito material, atualmente, é causa do direito formal, pois *"obligatio est causa et mater actionis"*.[133] O direito material, a seu turno, é mais rico em direitos e deveres do que o processual em ações. E isto porque o nascimento dos deveres nem sempre se verifica tendo em vista a proteção jurídica. Mas, entre o direito material e formal há mútua inter-relação. É certo que o desenvolvimento das instituições não se realiza com a "prodigalidade" do direito romano clássico. É fora de dúvida, contudo, que a jurisprudência tenha funções criadoras. Admite-se hoje, sem vacilação, esse postulado. Basta verificar que, entre nós, além das fontes tradicionais, inclui-se certo tipo de sociedade de fato, como a que pode resultar do concubinato.[134] Poder-se-ia caracterizá-lo como "relação contratual de fato", apesar dos termos equívocos desta expressão. Com o uso que dela se faz, quer-se dar ênfase à circunstância de que o ato formador dessa sociedade não é negócio jurídico, mas ato-fato que se desenvolve de modo continuado. Falta, no exemplo citado, evidentemente, a *affectio societatis* e, no entanto, conferem-se direitos de modo geral somente admissíveis numa sociedade. A jurisdicização dos princípios pré-positivos não pode, porém, ficar ao arbítrio do juiz. Impõe-se, como necessidade, que a teoria da justiça se venha refletir no campo da dogmática.

Mesmo o pretor, em Roma, ao admitir a existência de uma *actio* para hipótese não especificamente prevista no albo pretório,[135] não o fazia de modo arbitrário, pois sua atividade estava condicionada a eficazes princípios subjacentes.[136]

---

[132] Coing, *Zur Geschichte*, p. 29.
[133] Glossa *actio autem* às *Instituições*, 4, 6 apud Coing, *Zur Geschichte*, p. cit.
[134] Ac. Câm. Civ. Reunidas do TJRGS, nos emb. infring. n. 12.739, *Rev. Jur.*, v. XXXVIII, p. 138. No Supremo Tribunal Federal houve duas correntes, sendo que uma delas pende para concessão de salário, vislumbrando mero contrato de trabalho (*Rev. Trim. Jur.*, v. IX, p. 163 e segs.; *Rev. For.*, v. CXVIX, p. 119 e segs.). Cuida-se, no caso, de um *locus*, de um ponto de inserção, tendendo a jurisprudência para a admissão de sociedade de fato (vd. Súmula n. 380 do STF).
[135] Algo semelhante ocorria na *common law*, de há alguns séculos, através de determinação similar ao *iussus iudicandi*, qual seja o *writ*, aplicável, por vezes, a hipóteses não especificamente previstas, como o *writ* ou *breve in consimili casu*, semelhantes às *formulae in factum conceptae* (Peter, *Actio und Writ*, 1957, p. 50).
[136] A respeito dos princípios subjacentes do direito romano, vd. o belo livro de Schulz, *Principles of Roman Law*, 1936.

Fontes das obrigações

O tratamento analítico das fontes provém dos "manuais" já existentes ao tempo do direito romano. Gaio já as dividia em *ex contractu* e *ex delictu*.[137] Com as *Institutas* de Justiniano, aparecem, ao lado da divisão tradicional, as *quase ex contractu*[138] e as *quase ex delictu*.[139]

O Código Napoleônico recebeu a de Justiniano e difundiu-a, tendo alguns códigos posteriores disposto de modo similar. Numa dessas quatro categorias deveria processar-se o enquadramento de todos os tipos possíveis de atos produtores de direitos e obrigações. Mas essa classificação mereceu críticas inclusive de autores franceses. Antes de examinarmos a teoria das fontes, impõe-se que se aluda à definição tradicional de obrigação, na qual se contém o aspecto dinâmico, que Paulo[140] nos legou. Pontes de Miranda define a obrigação, na esteira da tradição romanística, tendo presente a obrigação perfeita, como "relação jurídica entre duas (ou mais) pessoas, de que decorre a uma delas, ao *debitor*, ou a algumas, poder ser exigida, pela outra, *creditor*, ou outras, a prestação".[141] Não se deve confundir o objeto da obrigação com a cousa em que a prestação se especializa. Seria errôneo dizer-se que o objeto da obrigação, decorrente de um título cambial, seria o dinheiro expresso no mesmo.[142] O objeto da obrigação é a prestação, e esta sempre constitui um ato humano, uma atividade do homem, uma atuação do sujeito passivo.[143]

A classificação das fontes obedece à dos fatos jurídicos; realiza-se no plano da existência. A obrigação, a seu turno, é eficácia de fato jurídico. Denominou-se a alguns fatos jurídicos, que não se enquadravam nas categorias de contrato e delito, de quase-contrato e quase-delito, embora houvesse sido esta categoria, mais tarde, abandonada, porque o termo "quase" revela que a figura jurídica ainda não experimentou nenhum aperfeiçoamento dogmático.[144]

---

[137] Deve-se frisar, todavia, que o sentido de *contrahere* é totalmente diverso do atual, principalmente ao tempo de Gaio, pois incluía todas as fontes resultantes dos atos lícitos, inclusive aquelas em que não havia contrato, segundo o conceito que dele atualmente possuímos. Não conseguiram os juristas romanos, também, reunir, numa classificação, formando categoria geral, os atos jurídicos unilaterais e bilaterais e os formais e não-formais (Pernice, *Labeo*, 1873, v. I, p. 403).
[138] 3, 27.
[139] 4, 5.
[140] D. 14, 7, 13.
[141] *Tratado*, v. 22, p. 13; Bevilaqua, *Direito das obrigações*, 1931, p. 17 e segs.; Nonato, *Curso de obrigações*, 1959, v. I, p. 62; Pereira, *Instituições de direito civil*, 1962, v. II, p. 20; Gomes, *Obrigações*, 1961, p. 19; Monteiro, *Curso de direito civil*, 1956, II, p. 14 e segs.
[142] Pereira, *Instituições*, v. II, p. cit.
[143] Pereira, idem, p. cit.
[144] Esser, *Grundsatz und Norm*, p. 232.

Negócio jurídico

Às fontes recebidas pelo Código Civil francês, contrato, quase-contrato, delito, quase-delito, acrescentou-se a lei. Depois foi aquela classificação sintetizada de modo a consagrar como fonte das obrigações, apenas, o contrato e a lei. Os efeitos jurídicos que não fluíssem de um acordo de vontades seriam derivados de uma norma. Com esse procedimento, elevou-se a vontade à categoria de lei. De alguma forma esta última síntese revela o trânsito necessário ao surgimento do conceito de suporte fático e de incidência ou concreção.

Feito o discrime entre competência dispositiva (das partes) e normativa, tornou-se logo possível a elaboração de uma teoria das fontes.

Procurou-se, concomitantemente, classificar os fatos jurídicos resultantes da incidência da norma, e a noção de contrato foi substituída, nos países que sofreram influência da Pandectística, por outra de significação mais ampla, qual seja a de negócio jurídico, a qual constitui-se em centro da dogmática de direito privado.

Tentativas foram feitas, inclusive, para a utilização do conceito no direito público, e não apenas nos contratos, mas também nos atos administrativos em que se manifestasse a autonomia ou discrição.[145]

A elaboração do conceito de negócio jurídico começa a se desenvolver com a teoria do direito natural. Sob o pálio dessa doutrina apareceram os primeiros ensaios de sistematização dos fatos jurídicos. Netelbladt, em seu *Sistema Elementare Universae Iurisprudentiae*, I, 1748, V, §63, define o ato jurídico como aquele que "*iura et obligationes concernent*".[146] Antes dele, Grócio, no *De Iure Belli ac Pacis*, salientara o papel da vontade, e a *promissio* surgia como ponto de inserção para os conceitos de erro e demais vícios. Depois de ambos, Savigny levaria adiante os conceitos de ato jurídico e de vontade.

O negócio jurídico é conceito que a dogmática estabeleceu, ao distinguir graus diferentes de valorização da vontade pelo ordenamento jurídico. Define-se, então, o negócio jurídico como o ato suscetível de ser condicionado, de ser posto sob termo ou encargo. Quando possuir estes predicamentos, é denominado negócio jurídico. Conforme definição já definitivamente aceita, é ato de autonomia, auto-regulamento de interesses privados. O importante não é,

---

[145] Vd. Kormann, *System der rechtsgeschäftlichen Staatskte*, 1962, p. 18 e segs., com ampla análise a respeito; cp. com Forsthoff, que nega a prestabilidade da noção de negócio jurídico para o ato administrativo (*Lehrbuch*, v. I, p. 190 e segs.), e também Wolff-Bachof, *Verwaltungsrecht*, 1974, v. I, p. 371.
[146] Staudinger–Coing, *Kommentar*, v. I, p. 493.

com certeza, o modo como se exterioriza a *voluntas*, se através de declaração, ou de fato concludente. Superou-se o entendimento daqueles que exigiam, para caracterizar o negócio jurídico, a declaração de vontade. Que se faça necessário vontade claramente exteriorizada, perceptível, inequívoca, não cabe dúvida. Mas, se o veículo é a palavra, ou o fato concludente, a exteriorização nenhuma influência terá para o efeito de qualificar o ato como negócio jurídico. Discutiu-se, também, se haveria necessidade da vontade dirigir-se à produção de efeitos jurídicos e concluiu-se ser suficiente que o declarante queira o efeito econômico ou prático, como assegurado juridicamente, servindo-se, para obtê-lo, dos meios que o direito põe à sua disposição.

Por fim, o conceito de negócio jurídico abrange todas as categorias de atos de autonomia, inclusive aquelas em que não se manifesta a liberdade fática de estabelecer cláusulas.[147]

Atos em sentido estrito

Além dos negócios jurídicos, existem outros atos voluntários, denominados atos em sentido estrito. A eles são aplicáveis as disposições relativas ao negócio jurídico, quanto à nulidade, anulabilidade, capacidade, vícios da vontade etc. Alguns autores dão-lhes o nome de "atos semelhantes aos negócios jurídicos", pelas razões acima apontadas. A diferença está em que, nestes, os efeitos derivam *ex-lege*. Não se pretende com isso dizer que os negócios jurídicos não dependam da incidência de lei. Certamente que existe essa dependência. Mas, no negócio jurídico, manifesta-se o valor plasmador da vontade, como em nenhum outro ato, de modo que, embora não se faça necessária a vontade de produzir efeitos jurídicos para a sua existência, esses efeitos, via de regra, equiparam-se e comensuram-se à vontade negocial. Ademais, faculta-se às partes determinarem, na forma que lhes aprouver, o conteúdo do ato; aporem condições, termos etc.

Nos atos em sentido estrito, qualquer que seja a vontade, os efeitos serão somente aqueles determinados pela lei. Assim, só para dar relevo a esse particular, diz-se que os efeitos derivam *ex-lege*.

Outros há que entendem não serem aplicáveis aos atos *stricto sensu* as regras relativas aos negócios jurídicos.[148] Considere-se, porém, que tais auto-

---

[147] Lehmann, *Allgemeiner Teil*, 1962, p. 129; Flume, op. cit., p. 42.
[148] Enneccerus–Nipperdey, *Lehrbuch*, v. I, 2, p. 865.

res, sob o *nomen juris* de atos jurídicos em sentido estrito, ou simplesmente atos jurídicos (*Rechtshandlungen*), conumeram atos reais ou atos-fatos. No que toca a estes últimos, pode-se afirmar, livre de qualquer dúvida, que aqueles princípios não são aplicáveis, pois não há nenhum ponto de semelhança que permita tratamento analógico. As espécies mais comuns de atos em sentido estrito são as interpelações (exigências de pagamento); determinação de prazo (exigência de prestar dentro de determinado período de tempo); comunicações a respeito, por exemplo, da cessão de um crédito em favor de uma pessoa; certos reconhecimentos, como o de uma pretensão, como a prescrição consumada.[149]

Alguns desses exemplos considerados pela doutrina atos em sentido estrito podem, realmente, constituir atos de adimplemento de dever anexo, isto é, ato-fato. A qualificação exata é importante. Os atos em sentido estrito, para validade, exigem agente capaz, pois considera-se nesse tipo de ato o movimento volitivo.

No ato-fato não há vontade, não se pode cogitar de validade ou de invalidade em razão de vício.

Os atos em sentido estrito são importantes como fontes de direitos e obrigações quando são o produto ou resultado de exercício de direitos formativos. Estão neste número os resultantes do exercício do direito de resolução, tal como pode ocorrer quando alguém vende determinada coisa a outrem mediante o pagamento de certo preço. Feita a venda e entregue a *res debita*, o comprador não satisfaz a sua obrigação de prestar o preço. Em razão de inadimplemento, cabe o direito de resolução. O exercício deste direito constituiu-se em ato em sentido estrito. Afirma-se que se trata, na hipótese, de direito formativo extintivo, mas, como ponderou Emil Seckel, a dificuldade de adoção desta nomenclatura é a de que o ato que extingue também forma direitos, bastando visualizar os efeitos do negócio jurídico pelo lado de quem o exerce.[150] O mesmo pode-se dizer das hipóteses de denúncia, em se tratando de vínculo jurídico com prestação duradoura. Exercido o direito formativo, em realidade também gerador, extingue-se a relação duradoura de arrendamento ou locação, por exemplo, nascendo o direito a reaver o bem arrendado ou locado.

---

[149] Vd. Enneccerus–Nipperdey, idem, p. 868.
[150] *Die Gestaltungsrechte des Bürgerlichen Rechts*, 1952, p. 15.

Atos-fatos

Constituem essa categoria aqueles atos ou aquelas atividades que produzem um resultado fático, uma transformação no mundo material, ao qual a lei atribui efeitos jurídicos.[151] Pontes de Miranda[152] deu-lhes a noção exata ao dizer que são atos que entram no mundo jurídico como fatos. A eles não se aplicam as regras referentes à capacidade, à vontade etc., a que antes aludimos. As hipóteses costumeiramente enumeradas são as de especificação, comistão, separação de frutos e aquisição de posse. Recentemente acrescentou-se o "contato social",[153] como ato-fato produtor de direitos e obrigações, bem como os atos existenciais.

Contato social

Embora os autores, ao versarem o discutido conceito, não mencionem de onde provém, vale esclarecer que constitui uma categoria da doutrina do processo social, capítulo da sociologia, relacionando-se com a teoria da associação.[154] Juridicamente, o conceito é explicado por outras razões que não militam no plano sociológico, pois aparece para justificar o nascimento de direitos e obrigações, quando não existe contrato. Abrange, através de nova formulação, as hipóteses que comumente se classificam como de *culpa in contrahendo*.

Algumas objeções foram feitas à escolha da denominação "contato social". Lehmann[155] preferia que se adotasse a de "quase-contrato". O termo "contato social", todavia, entrou vigorosamente no vocabulário jurídico, sendo, apenas, discutível sua prestabilidade para a ciência do direito. Cinge-se, pois, o litígio, em admitir ou negar o contato social como fonte. Muitos juristas admitem-no e alguns códigos regraram a espécie, como o da Itália:[156] seu art. 1.337 salienta que as partes no curso das atividades pré-contratuais devam comportar-se segundo

---

[151] Palandt–Danckelmann, *Kommentar*, p. 64.
[152] *Tratado*, passim.
[153] Siebert, *Treu und Glauben*, p. 40; Esser, *Schuldrecht*, p. 30 e segs.; Staudinger–Weber, *Kommentar*, v. II, p. 175; Palandt–Danckelmann, *Kommentar*, p. 64; Larenz, *Lehrbuch*, v. I, p. 38; Betti, *Teoria generale delle obbligazioni*, v. I, p. 84.
[154] A respeito do "contato social", na sociologia, vd. Wiese, *System*, p. 262 e segs.
[155] *Allgemeiner Teil*, p. 142.
[156] Art. 1.337: "*Le parti nello svolgimento delle tratative e sulla formazione del contrato, debono comportarsi secondo buona fede*".

a boa-fé. Concedendo-se, *ad argumentum*, que o princípio sumo incida sobre atos pré-contratuais, mister se faz examinar que deveres deles promanarão. Em primeiro lugar, quanto o dever como o direito se constituem em algo concreto. A expressão "direito subjetivo" está a indicar que o direito diz respeito, de modo muito particular, a determinada pessoa.

Seckel, em dissertação sobre os direitos formativos, considerada genial, esclareceu que os direitos subjetivos se diferenciam das meras faculdades porque não cabem a todos indistintamente. O direito subjetivo é sempre um *plus*, em face do que todos ou muitos podem; um poder que não cabe aos demais.[157] O dever que informa o direito obrigacional é, assim, também dever perante determinada pessoa, e não perante todos indistintamente.

Afirmou-se que a culpa extracontratual não consistiria em outra coisa senão no descumprimento de deveres jurídicos genéricos. Tais deveres, bem se vê, seriam supostos. Mas a esse tipo de dever contrapõe-se o real, o concreto, o que nasce de uma relação jurídica, de sorte que a generalidade desses deveres supostos impede que sejam considerados subjetivos.

As atividades pré-contratuais, afirmam alguns autores, constituem-se em atos concretos, dirigidos a pessoas também concretamente determinadas, revelando interesses, à sua vez, concretos. E, segundo este raciocínio, a situação diferiria da aplicação usual do *noeminem laedere*, porque se cuida de harmonizar, transigir, demonstrar vantagens e desvantagens, enfim, em cooperar para que se realize um ato jurídico. E a categoria do "contato social" deveria ser, forçosamente, a de ato-fato. Ora, temos então a primeira dificuldade: o ato-fato, ato material, é completamente indiferente à vontade e, em conseqüência, ao fim, como se deixou claro quando se tratou da tradição. É imprescindível, portanto, que exista um ato anterior que lhe dê sentido, porque o ato-fato como tal não o possui. Como restringir essa figura somente às atividades pré-contratuais? Se se tratasse de categoria na qual fosse inserida a vontade, a restrição viria em razão do fim constante no ato jurídico. Admitindo-se, porém, a figura do "contato social", não poderá ele ficar adstrito às atividades pré-contratuais, salvo tratamento legislativo específico, como o fez o Código Civil italiano. Por coerência, deveria justificar todas as hipóteses, adquirindo âmbito similar ao conceito na sociologia.

De qualquer forma, os deveres não seriam concretos, o que afastaria qualquer possibilidade de pensar em assemelhá-los aos que nascem da incidência

---

[157] *Gestaltungsrechte*, p. 14.

ou concreção da boa-fé, no desenvolvimento da relação obrigacional. Ademais, o fim é que dá a medida a esses deveres e determina a sua intensidade. Não se pode parificar as hipóteses porque o "contato social" constitui ato-fato e, como tal, não revela a finalidade. Betti deu-se conta da dificuldade que a posição ensejaria, e se inclinou por considerar esses deveres prévios à realização do negócio jurídico como antecipação à boa-fé contratual ou como seu efeito preliminar.[158]

Com isso, porém, não se afasta a dificuldade dogmática, dificuldade que o próprio Betti confessou: "*Resta tuttavia qui non é ancora um rapporto di obligazioni*".[159]

Para que se possam submeter as lesões danosas que não decorrem de um ato ilícito absoluto ao império da reparação, é preciso dar-se extensão ao conceito de dano, como o faz Nipperdey,[160] que vê nos direitos decorrentes do "contato social" mera causa de responsabilidade (*Haftungsgrund*). Os direitos que dela nascem assemelham-se aos provenientes de um contrato, mas seu suporte fático é de ordem delitual.[161]

Atos existenciais

Outro problema que necessita ser examinado é o da tipificação social e suas conseqüências. Como se aludiu algumas vezes, a lei tipifica diferentes atividades dos particulares, que se tornam usuais, comuns, no curso dos tempos. A estrutura desses negócios, recolhidos pela legislação, passou a denominar-se típica. Mas não se suponha que o fluxo social, com a tipificação da lei, ter-se-ia paralisado. A sociedade moderna vem-se caracterizando por incessante e progressiva padronização. Assim, à margem dos seus tipos legais, estabeleceram-se os que se poderiam denominar sociais, por obra e influência de práticas reiteradas, tipos esses ainda não recebidos e normados convenientemente. Resultado de práticas continuadas, de costumes, esses tipos têm a cogência peculiar ao "poder" da sociedade.

---

[158] *Teoria generale*, v. I, p. cit.
[159] Idem, p. cit.
[160] Enneccerus–Nipperdey, *Lehrbuch*, I, 2, p. 1.013.
[161] A verificação da responsabilidade dela derivada se faz pela soma dos prejuízos efetivos, diretamente emanados de sua ocorrência, excluídos os lucros cessantes e as outras parcelas não compreendidas no denominado interesse negativo – in: Rec. Extr. n. 43.951, de 22-2-1969 (*Rev. Trim. de Jur.*, v. XIII, p. 278).

Essa afirmativa importa em reconhecer haver outros elementos de fixação no mundo social, além do direito. Todos esses elementos atuam sobre a atividade dos indivíduos, processando-se uma estruturação, um tipificar-se de condutas, na qual a vontade individual, em virtude da objetivação decorrente da incidência daqueles fatores sociais, vai passando para o segundo plano. Em outras hipóteses, o resultado se supõe tão obviamente desejado, a ponto de ensejar, embora possa parecer paradoxal, que não se pesquise sua existência. São os atos absolutamente necessários à vida humana. A tipificação somente cresce de ponto e de importância quando se tratar deste último tipo de ato, pois relativa-se e objetiva-se a vontade, de modo a converter o que seria, *in thesi*, negócio jurídico em verdadeiro ato-fato. Os atos de tipo existencial referem-se às necessidades básicas do indivíduo, tais como alimentação, vestuário, água etc. Ninguém poderá pensar em anulá-los desde que se realizem dentro de moldes normais e adequados, sob a alegação, por exemplo, da incapacidade de uma das partes. O número de atividades, que se insere na esfera do necessário ou existencial, depende dos usos e concepções de vida de cada povo, havendo, porém, um mínimo comum.

Atos de direito público formativos de direito privado

A respeito da possibilidade de formação de direitos e deveres através de "contrato ditado", diverge a doutrina. No estado de direito, tem-se-lhe como incompatível com as garantias individuais. As relações entre Estado e particular evoluíram a partir do estado de polícia, no sentido de que somente em casos excepcionais, previstos na Lei Fundamental, seriam de admitir-se requisições administrativas, a que se assemelham os "contratos ditados". No estado de polícia, o que hoje se denomina "investidura de funcionário público" consistia em requisição do Estado, em "contrato coativo", à qual o destinatário não se poderia opor.

Era a requisição de serviços que assumia a figura de "contrato". O mesmo sucedia com as requisições de bens de particulares.[162] Mas esse poder do Estado se restringiu com o advento do estado de direito, a partir do qual foram consideradas inadmissíveis as aludidas requisições, porque feriam direitos e garantias assegurados pelos *Bills of Rights*.

---

[162] Giacommetti, *Über die Grenzziehung zwischen Zivilrechts– und Verwaltungsrechtsinstituten*, 1924, p. 12 e segs.

O Estado, a seu turno, manteve o poder fiscal e a possibilidade de intervir na ordem econômica, atendidos os requisitos, também constitucionalmente disciplinados. Admitindo como constitucional o "contrato ditado", apesar das restrições feitas, ele se constituiria em "relação mista", uma vez que o ato de criação pertence ao direito público e o posterior desenvolvimento da obrigação, ao direito privado. O "contrato ditado", como "vontade ou fato do príncipe", visualizado na dimensão do direito privado, assemelhar-se-ia a um "ato-fato", por não ter havido cooperação do particular para sua existência. Sob o ângulo do direito público, cuida-se de ato administrativo formador de direitos subjetivos privados.

Quando, no entanto, o Estado participa do vínculo, o qual é estabelecido em seu benefício, e, além disso, não se deixa aos particulares qualquer espaço para a manifestação de suas vontades, nas ulteriores fases da relação – não lhes cabendo, em conseqüência, qualquer direito formativo, como os de denúncia, resolução etc., assim como ocorre, de regra, nos chamados "empréstimos compulsórios" –, cuida-se, aí, de mera requisição administrativa, e não de contrato ditado. O que caracteriza o contrato ditado é o seu nascimento por ato de direito público e a submissão das ulteriores fases da relação obrigacional às regras de direito privado. Surgido como decorrência da planificação econômica, nas duas últimas guerras, e largamente utilizado pelos países totalitários, não é de admitir-se, entretanto, sua existência dentro do estado de direito, por atrito com as garantias e direitos individuais, notadamente com o principal deles, qual seja, o da liberdade.

Há, entre nós, quem defina o "contrato ditado" como verdadeiro contrato e afirme que o regime contratual vem sofrendo contínuas modificações, de modo que se possa compreender, entre o seu número, essa figura.[163]

Certamente, não se pode haver como contrato, como negócio jurídico, pelo menos no conceito atual, o "contrato ditado", pois falta-lhe o elemento volitivo, sem o qual, no direito moderno, não se pode qualificar um fato jurídico como contrato. A jurisprudência, todavia, sem discutir propriamente o conceito, tem admitido contratos coativos de subscrição de ações para certas sociedades de economia mista.[164]

---

[163] Dantas, *Problemas de direito positivo*, 1953, p. 13 e segs. Assim consta também na Súmula n. 418 do STF. A Constituição brasileira de 1967, art. 22, §2, normou especificamente. Sobre o contrato ditado e o "plano", vd. Loeber, *Der hoheitlich gestaltete Vertrag*, passim.

[164] Mand. Seg. n. 3.188, em sessão plena do Trib. Fed. de Rec., unânime, rel. Min. Aguiar Dias, *Rev. For.*, v. 164, p. 183 e segs.

Fontes com suporte fático normado

Larenz inclui entre as fontes normadas os atos ilícitos, a responsabilidade pelo risco, o enriquecimento sem causa, a gestão de negócios, a administração legal de patrimônio alheio, além de outros.[165] Seria difícil enumerar todos os preceitos, dentro do direito civil, geradores de direitos e deveres. Algumas dessas fontes, como a gestão de negócios, pertenciam ao que se denominava "quase-contrato". O desenvolvimento do tipo ou figura aperfeiçoou-se até obter reconhecimento legislativo. Entre os elementos que compõem o suporte fático da gestão de negócios[166] não se insere a vontade, o acordo entre o *verus dominus* e o gestor. O que se valoriza é o resultado material,[167] a transformação que se opera no mundo dos fatos, e pode, por esse motivo, ser qualificada como ato-fato. Não descaracteriza esta categoria a circunstância de poder a gestão de negócios desenvolver-se de forma continuada, pois para o ato real, ou material, não é relevante a sua duração.

A reunião de todas as fontes pelo elemento comum, a normação do suporte fático, pode obscurecer aspecto importante dentro da construção dogmática. Na enumeração feita no início, foram alinhadas fontes dogmaticamente diferentes, tais como as delituais.

Até mesmo a linguagem difere, pois, em se tratando de dever com origem em ato ilícito, o termo exato não seria propriamente adimplemento, mas satisfação.[168]

Em razão da "natureza das coisas", sustentam alguns ser impossível o tratamento comum das relações jurídicas, em face do problema de suas fontes, quando aquelas decorrem imediatamente da lei, vale dizer, quando não se interpõe negócio jurídico ou ato em sentido estrito.[169] Esta posição não leva, entretanto, em devida conta que a classificação das fontes não deve ser feita com base propriamente nos fatos, porque as leis podem prever grande número deles, absolutamente diversos uns dos outros, mas na qualificação que eles assumem quando ingressam no mundo jurídico.

O conceito de fato jurídico implica alto coeficiente de abstração e, se a classificação dos fatos jurídicos for realmente científica, deverá abranger em seu

---

[165] *Lehrbuch*, v. I, p. 36.
[166] Código Civil, art. 1.331 *(861)*: "sem autorização do interessado".
[167] Código Civil, art. 1.339 *(869)*: "Se o negócio for utilmente administrado, cumprirá ao dono as obrigações contraídas em seu nome, reembolsando ao gestor as despesas necessárias ou úteis que houver feito, com os juros legais, desde o desembolso".
[168] Código Civil, art. 1.518 *(942)*.
[169] Titze, *Recht der Schuldverhältnisse*, 1948, p. 56.

âmbito todos os acontecimentos que ingressam no mundo jurídico. Quando a lei prevê como fonte determinado evento, no qual não se manifesta a vontade de particulares, não se cogitará nem de negócio jurídico nem de ato em sentido estrito.

Para o conceito de obrigação como processo é importante a distinção entre fontes com suporte fático normado e negociais. Em ambas haverá, é certo, a separação entre a fase do nascimento e desenvolvimento e a do adimplemento ou satisfação.

O desenvolvimento da obrigação opera-se dentro do direito material, embora, por vezes, haja necessidade de utilizar-se forma específica de liquidação: nos termos do art. 1.535 do Código Civil, "à execução judicial das obrigações de fazer, ou não fazer, e, em geral, à indenização de perdas e danos precederá a liquidação do valor respectivo, toda vez que o não fixe a lei, ou a convenção das partes". O discrime entre fontes negociais e normadas é ainda relevante, pois embora em ambas as hipóteses o processo obrigacional seja polarizado pelo adimplemento, quando se verificar fonte normada, o desenvolvimento da relação se realiza conforme o "programa" traçado pela lei.

Estrutura e intensidade do processo obrigacional

O vínculo obrigacional pode possuir graus diferentes de intensidade. O problema relaciona-se com a estrutura das obrigações. No princípio, existia só a responsabilidade que recaía sobre o próprio corpo do responsável. Mais tarde surge a possibilidade de liberação pelo pagamento, e o dever passa a ser concebido como algo que se dirige à satisfação de um crédito, o qual, via de regra, tem valor econômico.

A obrigação, como resultado desse desenvolvimento, apresenta, em sua estrutura, dois elementos: débito e responsabilidade. Ambos os conceitos mereceram profundo exame, nos fins do século XIX, e deve-se a Brinz o estabelecimento da dicotomia pelo exame da *obligatio* no direito romano.[170] Beseler, ao examinar o mesmo conceito, não só no direito romano, mas também em outros direitos, procurou demonstrar que a noção de obrigação se aperfeiçoa e desenvolve em várias fases, as quais podem ser sumariadas do seguinte modo: valorizou-se, inicialmente, a circunstância de que a tomada de um homem

---

[170] *Lehrbuch der Pandekten*, v. II, 1879, p. 20 e ss.

como presa seria bom meio de pressão contra a família ou clã a que pertencia. A comunidade vitoriosa recebia um refém, com aquela finalidade, o qual era conduzido pela comunidade vencida com as mãos às costas, ligadas, para que ele não pudesse defender-se. No segundo momento, o de dação de refém aplicada ao comércio, o *pater*, e.g., recebe um cavalo por dez libras de cobre. Mas, sucede que ele, naquele instante, não possui as libras necessárias. Então ele ata, liga as mãos de seu filho e o transfere ao credor. Ambas as partes acordam, sendo uma delas em receber de volta o filho e a outra em haver as peças de cobre.

Na terceira fase, já existe ordem jurídica: aquele que entregar o refém pode, com auxílio estatal, reavê-lo. O refém, no ato de transferência, fica por alguns momentos atado, mas depois lhe é devolvida a liberdade fática. Separam-se direito (direito de propriedade) e posse. Ligação e transferência transformam-se de ato praticamente útil em símbolo.

Até o momento em que, necessariamente, o refém deveria ficar na casa e, sob o poder do credor, devedor e refém eram pessoas diversas, pois, do contrário, como poderia o devedor efetuar a prestação que o liberaria? Depois que se admitiu o refém faticamente livre, nasceu a figura e a possibilidade de dar-se o próprio devedor como refém. Finalmente, a propriedade sobre o devedor-refém somente surge com a "quebra do contrato". Torna-se possível um contrato obrigacional com dupla autodação de refém.[171]

A despeito dos aspectos subjetivos que possam ser revelados pela teoria de Beseler, tem a doutrina como certo que, em princípio, o negócio jurídico com o *praes*, ou refém, gerava somente a responsabilidade, devendo, este, submeter-se ao direito de ataque do credor, do qual poderia liberar-se com entrega do objeto principal da *res*.

Surgiu, em época posterior, a possibilidade do devedor livrar-se com a entrega de uma soma em dinheiro, liberação que dependia do nuto do credor. Em outro momento, o arbítrio em aceitar, ou não, transformou-se em dever, tendo, assim, o devedor a possibilidade (*facultas alternativa*) de escolher entre a efetivação da prestação ou do seu equivalente, evitando a execução que iria recair sobre o seu próprio corpo.

Desenvolveu-se, então, o conceito de débito, de dever prestar, a que corresponde o direito de exigir do credor, transformando-se a responsabilidade pessoal em patrimonial.

---

[171] *Beiträge zur Kritik der römischen Rechtsquellen*, IV, 1920, p. 93-94.

A prestação, a que corresponde o débito, denomina-se, hoje, prestação primária; e secundária a que corresponde à responsabilidade.

No direito brasileiro, o devedor não possui essa *facultas alternativa*, pois ou ele satisfaz o devido ou caberá ao credor execução específica (*proecise agere*) ou perdas e danos. Na Idade Média, com a glosa, aumentou-se o círculo de hipóteses de condenação específica prevista no direito romano até abranger as decorrentes da *actio empti*.

Azo e Búlgaro eram contrários à admissão do *proecise agere* fora dos casos em que o direito romano o permitia. Martino houve como possível exegese ampliativa, tirando argumento analógico da situação jurídica relativa à reivindicação.[172] Acúrsio seguiu na glosa ao *Digesto* a Azo e a Búlgaro, mas na das *Instituições* admitiu a possibilidade de exigir-se o cumprimento específico. Esta última exegese, a respeito da *actio empti*, bem como de outras *actiones*, vulgarizou-se através de Durantis e Bártolo.

Não faz muito, discutiu-se, entre nós, se era possível, em certas hipóteses, exigir a própria prestação, ou se, no caso de recusa do devedor em prestar, somente caberia ação de perdas e danos pelo inadimplemento. Livre de qualquer dúvida, pode o credor optar entre haver a prestação ou perdas e danos.

A prestação primária corresponde ao débito; e a prestação secundária, a qual se relaciona com perdas e danos, constitui a responsabilidade. É preciso, porém, ter presente que a responsabilidade é elemento da obrigação e coexiste com o débito. Não é totalmente correto afirmar que a responsabilidade surge, apenas, quando se manifesta adimplemento insatisfatório ou recusa em adimplir. Em tal caso, pode o credor prejudicado pôr em atividade um dos dois elementos que formam a obrigação perfeita: débito e responsabilidade.

Caracteriza-se a obrigação perfeita pela possibilidade que tem o credor de poder exigir (pretensão) o adimplemento ou perdas e danos. O conceito de pretensão, que se deve a Windscheid,[173] constitui grande descoberta para a

---

[172] D. 6, 1, 68. Vd. Lange, *Schadensersatz und Privatstrafe in der mittelalterlichen Rechtstheorie*, 1955, p. 11. No direito inglês, a *common law* admitia somente ação para haver as *damages*. Mas a *equity* passou a permitir ação para haver a prestação (*specific performance*).

[173] Deve-se a Windscheid a descoberta de que, no direito romano, a possibilidade de obter uma *actio* condicionava, como *prius*, a existência de um direito subjetivo, mero *posterius*. Ele o diz expressamente: "a ordem jurídica não é ordem de direitos subjetivos, mas ordem de pretensões exigíveis judicialmente" ("Die Rechtsordnung ist nicht die Ordnung der Rechte, sondern die Ordnung der gerichtlich verfolgbaren Ansprüche") – in: *Die "actio" des römischen Civilrechts*, 1856, p. 3; cf. Peter, *Actio und Writ*, p. 56. O conceito de pretensão nasceu desse estudo de Windscheid, o qual apontou a circunstância de que o direito material, no direito romano, estava em segundo plano. Por esse motivo, não se conhecia o conceito de pretensão, ao qual Windscheid chegou pela lapidação dos elementos processuais contidos na *actio* (vd. Ennecerus–Nipperdey, *Lehrbuch*, I, 2, p. 1.361 e segs.; e *supra*, capítulo II, §1º, 2).

ciência do direito, possibilitando a sistematização em matéria que até então se manifestava de difícil entendimento. Permitiu que se pudesse falar em graduação de deveres, abrindo espaço ao tratamento sistemático das "obrigações naturais", cujo conceito permanecia ainda na sombra. Ao admitir-se que no conceito de dever havia graduação quanto à eficácia, a sistematização jurídica tomou o fio da ética ocidental, que já admitia, antes de Cícero, a distinção entre deveres segundo ordem de intensidade.[174]

Afirma-se, hoje, que à obrigação perfeita do devedor corresponde pretensão e ação do credor. A assertiva somente poderá ser entendida *in abstracto*, porque, concretamente, de uma só obrigação podem nascer várias pretensões.[175] Tem-se admitido que nas "obrigações naturais" há direito, mas não pretensão, porque, nelas, o devedor está completamente à vontade de adimplir, ou não, o devido. Por faltar-lhes pretensão, não prescrevem, uma vez que o instituto da prescrição supõe responsabilidade.[176] Na "obrigação natural", há direito e, conseqüentemente, dever, mas não há a faculdade de exigir o adimplemento (*proecise agere*), nem, também, perdas e danos pelo não cumprimento. Há débito e não se manifesta a responsabilidade ou garantia.

A seu turno, em alguns casos, existe responsabilidade ou garantia, sem que haja débito. No plano obrigacional, alude-se ao contrato de fiança, alegando-se que o fiador não deve e somente responde. No direito brasileiro, temos o benefício de ordem, mas mesmo assim a hipótese não se apresenta com a mesma liquidez das garantias reais, como hipoteca e penhor de cousa de propriedade de terceiro. O contrato hipotecário ou pignoratício não produz obrigações, pois se trata de contrato do plano do direito das coisas. Por esse motivo, não se pode dinamizar o *proecise agere* contra o terceiro que deu garantia real, pois ele somente responde. Cuida-se de "contrato de responsabilidade", que serve de garantia ao adimplemento.

Graus de intensidade das obrigações principais

Obrigações perfeitas

As obrigações principais são de dar, restituir, fazer e não fazer. O nosso Código Civil fundamenta seu sistema com base nessas obrigações principais.

---

[174] Cícero distinguia entre deveres de intensidade máxima e média – *De Officiis*, II, 6, 26; Pohlenz, *Die Stoa*, 1948, p. 268 e segs.; cf. Schmidt, *Die Obliegenheiten*, 1953, p. 8 e segs.
[175] Lehmann, *Allgemeiner Teil*, p. 87.
[176] Staudinger–Coing, *Kommentar*, v. I, p. 1.100.

A distinção provém do direito romano. Alguns códigos não mais diferenciam as obrigações tal como fez o Código Civil brasileiro, preferindo dividi-las em obrigações positivas e negativas. Entre as obrigações positivas, incluir-se-iam as de dar, fazer e restituir e entre as negativas as de não fazer. Milita em favor dessa última divisão a circunstância de que a obrigação vincula apenas a prestação, isto é, uma atividade do devedor. Todavia, a distinção impõe-se tendo em vista não tanto o dever como tal, mas principalmente em virtude das regras específicas que regem o adimplemento das obrigações de dar e de fazer.

A atribuição patrimonial é que caracteriza a obrigação de dar e torna-a dissemelhante das obrigações de fazer. Historicamente, a obrigação de dar aparecia sempre ligada à transferência de propriedade e a de fazer ao contrato de trabalho ou de obra (*opus facere*). Pontes de Miranda recentemente definiu ambas as obrigações de modo original:

"As prestações de dar seriam prestações de objeto, supõem que se haja de prestar bem já existente. O que ocorre com quem há de entregar a coisa, ou transferir a propriedade, ou pagar em dinheiro, ou ceder crédito, ou renunciar a direitos, pretensões, ações ou exceções".[177] Em suma, pela própria enunciação dos atos que recaem sobre o conceito de obrigação de dar, já se vislumbra que ele coincide perfeitamente com o de atribuição patrimonial. As obrigações de fazer recaem sobre atividades determinadas, como, por exemplo, pintar um quadro, escrever um livro, tocar uma peça ao piano ou violino e estudar uma lição, e "dar" uma aula. Alguns autores atêm-se, para caracterizar a obrigação de dar, à hipótese mais comum e importante, qual seja, a de transmissão da propriedade. Mas, advirta-se que outras existem, entre as quais a de cessão de créditos, também muito importante. Se alguém obrigar-se a ceder um crédito, o ato de cessão é adimplemento da obrigação de dar. Adimplemento que se realiza, frise-se, do mesmo modo no plano dos direitos obrigacionais, ao contrário do negócio dispositivo de transmissão de propriedade, que se situa no plano do direito das coisas. Por fim, parece-nos bastante elucidativo o conceito de atribuição patrimonial, porque ele tem a generalidade necessária para abranger num só termo todas as hipóteses de obrigação de dar possíveis de ocorrerem. Por vezes, a obrigação de dar é acessório da de fazer, como na hipótese de escrever um livro, citada por Pontes de Miranda, em que o principal é escrevê-lo, podendo, acessoriamente, existir o dever de dar, de entregá-lo a um editor. As obrigações de dar ou de fazer aparecem no mundo jurídico relacionadas também com os

---

[177] Miranda, *Tratado*, v. 22, p. 71.

deveres anexos a que anteriormente aludimos, formando uma complexidade especial. Algumas vezes se manifestam, num vínculo obrigacional, obrigações de dar e de fazer e, em virtude disso, surge dúvida em saber, entre ambas, qual deve ser considerada principal. Isso ocorre, por exemplo, na tela que deva ser pintada pelo artista, a qual, posteriormente, necessita ser entregue a quem a encomendou.

Certamente, é fundamental a atividade de pintar determinado quadro. Levando em consideração essa circunstância, diz-se prevalecer a obrigação de fazer.

Do ponto de vista da acionabilidade, todavia, manifestam-se situações distintas. Não é possível exigir-se que alguém pinte um quadro, pois essa obrigação é de fazer. Se o pintor se recusasse a pintar determinada tela, poderia o credor determinar que outro a fizesse, mas não poderia constrangê-lo. Realizada a obra, esgota-se, porém, a obrigação de fazer e surge então a de dar, de entregar o quadro. Esta última é exigível, através de ação de prestação, de adimplemento, através da qual se poderá, em execução de sentença, haver o aludido quadro, se o mesmo não houver sido, *in medio tempore*, transferido para outrem.

As obrigações principais dividem-se, segundo a eficácia, em perfeitas e imperfeitas. As perfeitas são dotadas de pretensão e ação, tanto vale dizer, podem ser exigidas (direito material) e acionadas. Nem sempre, contudo, caberá execução direta, embora haja pretensão à prestação primária. Entre as que não admitem execução direta estão, via de regra, as de fazer. Algumas, todavia, admitem execução específica, como as resultantes de pré-contrato de venda de imóvel registrado.

As "obrigações naturais" constituem, por igual, obrigações principais, quando sejam razão de existência de determinado contrato. A eficácia, no entanto, é de menor intensidade, pois não há pretensão e ação.

"Obrigações naturais"

As obrigações naturais são, de modo geral, as de jogo e aposta, as de honra e as de crédito com pretensão prescrita.

Já nessa sumária enumeração, pode-se sentir a diversidade de hipóteses jacentes sob o nome comum de obrigações naturais. Com sobradas razões, tem-se impugnado essa denominação por ser "espelhante", não definindo as hipóteses que ela deveria abrigar. Por esse motivo, deram-lhes, alguns, o nome de obrigações imperfeitas, por verem imperfectibilidade, seja na ausência de pretensão, seja na de ação. O elemento comum a todas elas seria o dever e nada mais curial do que denominá-las com o conceito jurídico que a elas se ajusta, de meros deveres em oposição à obrigação. Assim passaremos a usar o termo dever, abrangendo também a obrigação natural. Todavia, a heterogeneidade – que vimos salientando – de pressupostos abrangidos pela denominação comum de obrigação natural, de obrigação imperfeita ou mesmo de dever impõe um reexame sumário e casuístico das hipóteses mais freqüentes.

Dívidas de jogo e aposta

Estão previstas nos arts. 1.477 *(814)* e seguintes do Código Civil. O art. 1.477 *(814)* determina que as "dívidas do jogo, ou aposta, não obrigam a pagamento; mas não se pode recobrar a quantia, que voluntariamente se pagou, salvo se foi ganha por dolo, ou se o perdente é menor ou interdito"; e o parágrafo único, por seu turno, afirma: "Aplica-se esta disposição a qualquer contrato que encubra ou envolva reconhecimento, novação ou fiança de dívidas de jogo; mas a nulidade resultante não pode ser oposta ao terceiro de boa-fé".

A redação assemelha-se ao disposto no §762 do BGB, salvo a parte final do parágrafo único do art. 1.477 *(814)*, que não se encontra naquele código.

A dívida de jogo é um dever, conceito esse expresso de modo irrepreensível no art. 1.477 *(814)* do Código Civil ("não obrigam a pagamento"), pelo qual se pode ver que, neste tipo de obrigação, não há vinculação do pagamento (adimplemento), pelo menos com caráter de exigibilidade.

Quando, portanto, o devedor presta o que deve, adimple, e não se cogita de doação, nem de pagamento indevido. Cabe ao credor, em face de uma possível exigência de repetição, a *soluti retentio*.

Finalmente, são equiparados ao jogo, submetendo-se, por esse motivo, ao dispoto no artigo antecedente, os contratos sob título de bolsa, mercadorias ou valores, em que se estipule a liquidação exclusivamente pela diferença entre o preço ajustado e a cotação que tiverem no vencimento do ajuste.[178]

As dívidas de jogo, que aqui se cuida, referem-se a jogos lícitos.

Os jogos proibidos não produzem obrigações naturais. Como atos nulos, não produzem nem direitos, nem obrigações. Nem sempre, porém, a obrigação

---

[178] Código Civil, art. 1.479 *(816)*.

proveniente de jogo ou aposta é desprovida de pretensão. As loterias, hoje, no Brasil, objeto de concessão, conferem ao ganhador direito, pretensão e ação para haver o prêmio.

O fundamento para que o direito negue plena eficácia ao jogo e à aposta não é propriamente a imoralidade "imanente" a esse tipo de contrato, mas o seu caráter puramente aleatório.[179] O contrato de jogo e aposta, em razão do fim específico, diferencia-se dos demais contratos. Não fora isso, aproximar-se-ia às vezes do contrato de sociedade, como no jogo de cartas e na "roleta"; outras vezes do contrato de obra, como nas apostas de fazer certa e determinada coisa; às vezes da compra, como na loteria.[180] Tais são as possibilidades de se manifestarem novos tipos de jogos que se podem assemelhar à maioria dos contratos típicos, salvo a especificidade do fim, aposta ou jogo, que os fazem distintos.

É preciso ter presente que, não possuindo o crédito pretensão de direito material, não é necessário argüir a *soluti retentio* em forma de exceção, pois essa verificação deve ser feita *ex-officio*.

Pode ocorrer também dação em pagamento, pois, havendo dívida, ela pode ser satisfeita com prestação diversa da que indica o contrato. Nessa hipótese, a coisa dada em adimplemento não pode ser repetida. Como vimos, o art. 1.477 *(814)*, em seu parágrafo único, determina que se apliquem as regras referentes às dívidas de jogo aos contratos que as encubram, envolvam reconhecimento, novação ou fiança.

Por fim, o art. 1.477 *(814)* menciona que a nulidade resultante dos contratos que envolvam reconhecimento ou novação de dívida de jogo não pode ser oposta ao terceiro de boa-fé.

No que respeita aos negócios jurídicos de diferença de cotação de títulos e valores, aplicam-se as mesmas regras às dívidas de jogo e aposta, porque, no fundo, é desta última categoria que se trata. É um negócio jurídico que apenas formalmente se dirige à entrega de mercadoria e de títulos de crédito, posto que ele não tenha por propósito a entrega de determinada mercadoria ou de determinado título, mas apenas a diferença de preço entre o ajustado e o que tiver na data do vencimento.

Dívidas de honra ou morais

O tratamento dos deveres morais, como obrigação natural, comporta alguma explanação. Se for considerado o dever moral como dever jurídico,

---

[179] Palandt–Gramm, *Kommentar*, p. 619.
[180] Palandt–Gramm, idem, p. cit.

aluir-se-á a distinção entre moral e direito. Todavia, segundo o Código Civil brasileiro, "não se pode repetir o que se paga para solver dívida prescrita ou obrigação natural".[181] Recebeu aí, o Código Civil, o conceito genérico de obrigação natural, incluindo-se, portanto, os deveres morais que tradicionalmente se conumeram entre as hipóteses daquele tipo de obrigações.

Não se pode admitir, sem abrir brecha nas bases da ciência jurídica, que todos os deveres morais se juridicizem para servir de suporte ao adimplemento de uma obrigação de honra.

E que não é assim, di-lo expressamente o nosso código em seu art. 1.187 (564), III, pois não se revogam, por ingratidão, as doações "que se fizerem em cumprimento de obrigação natural". Daí se conclui que o "adimplemento" com consciência de tratar-se de uma obrigação moral deve ser considerado doação.[182] A dificuldade, porém, emerge quando a solução do dever moral for feita na convicção de tratar-se de dever jurídico. Aí, também, apesar de não termos artigo explícito como o §814 do BGB, não pode ser repetido o que se pagou em atenção ao princípio expresso no art. 970 (882) do Código Civil, que não exige a ciência de que se esteja solvendo obrigação natural.

Dir-se-á que, nessa hipótese, exclui-se a *condictio indebiti* (art. 970 [882]), sem levar em consideração a falta de causa no sentido jurídico.[183]

A hipótese seria de pagamento indevido, mas exclui-se a faculdade de repetição. Outra qualquer explicação equipararia dever moral ou de honra ao dever jurídico, o que de nenhum modo pode ser admitido. É certo também que o dever moral capaz de ser suporte da exclusão da *condictio indebiti*, na hipótese de pagamento indevido, não há de ser qualquer dever de tipo geral, como o "amor ao próximo". Admite-se essa exclusão, levando-se em consideração certos deveres particulares, referentes a circunstâncias de relevância, ocorridas entre os dois partícipes do vínculo. Do mesmo modo, na hipótese do art. 1.187 (564), III, do Código Civil, é de exigir-se um dever moral específico, concreto e individual, para impedir a faculdade de revogação por ingratidão. Não fora assim e praticamente toda e qualquer doação seria adimplemento de um dever genérico, e estaria ao abrigo da faculdade de revogação por ingratidão.

No direito romano, essa hipótese estava compreendida nas doações remuneratórias. Todavia, nosso Código Civil distinguiu-as, mencionando as remuneratórias no inciso I do art. 1.187 (564). Essa inovação provém do Código Civil alemão, e hoje, passado mais de meio século, as discussões ainda são vivas.

---

[181] Código Civil, art. 970 (882).
[182] Esser, *Schuldrecht*, p. 87.
[183] Esser, op. cit., p. cit.

Em favor da conceituação do dever moral como dever jurídico, pronunciou-se Endemann[184] nos princípios deste século.

Dívidas prescritas

As dívidas prescritas são dívidas dotadas de pretensão e ação. De nenhum modo podem ser consideradas simples deveres.

A obrigação só se constituirá em mero dever após o exercício da exceção. Se alguém adimple no desconhecimento de estar prescrita, o erro de nenhuma forma influirá, pois a obrigação, salvo a exceção pendente, é, em tudo, igual a outra qualquer obrigação. Dúvida poderia existir a respeito de tratamento da obrigação prescrita, após a exceção da prescrição. Aí ela se converterá em mero dever. Se houver pagamento, não poderá haver repetição. É preciso notar que a prescrição tolhe os efeitos da pretensão, mas não extingue ou apaga os direitos. Por esse motivo – e aqui talvez se pudesse falar em pretensão inacionável –, o adimplemento feito é eficaz, e pode o credor, se lhe exigirem o bem dado em cumprimento, fazer uso da *soluti retentio*.

É preciso ter sempre presente que a obrigação prescrita, ou mesmo a dívida de jogo, nada tem que ver com nulidade. A eficácia da dívida de jogo ou aposta é menor, mais fraca, do que a comum, tanto que dela não promana obrigação, mas mero dever. Já na obrigação prescrita, a situação é diversa. A eficácia da pretensão está na dependência do exercício da exceção. A obrigação, como tal, é em tudo igual às demais. Assim, poderão ser novadas as obrigações "naturais", oriundas de dívidas prescritas.[185]

Na hipótese de compensação, é negócio dispositivo unilateral, fruto de exercício de direito formativo extintivo. Unilateralmente, só poderá compensar aquele que possa utilizar da exceção da prescrição. Não o poderá fazer a outra parte. Se o pudesse, haveria meio de impedir o uso da exceção de prescrição, que, salvo renúncia, pode ser utilizada a qualquer momento, inclusive em qualquer fase de um processo judicial.

Falsas hipóteses

Alguns autores têm incluído entre as obrigações naturais o adimplemento de obrigações provenientes de contratos nulos por vício de forma. Negócios

---

[184] Endemann, *Lehrbuch des bürgerlichen Rechts*, v. I, 1903, p. 587.
[185] Ac. da 2. Câm. TJRGS, *Rev. Jurídica*, v. 16, p. 147 e segs.

jurídicos, em suma, nos quais não se observou a forma prescrita, decorrendo daí nulidade e também ineficácia. Em tal caso, como o contrato é nulo e ineficaz, não é possível enquadrar o adimplemento como solução de dever natural. É certo que, em alguns tipos de contratos nulos, podem nascer direitos e deveres, através de tratamento legislativo, ou, até, de incidência de determinado princípio geral.

Outras hipóteses têm sido conumeradas entre os deveres naturais. Procurou-se caracterizar como tais os *gentlemen agreements*, termo de múltiplas significações, mas utilizado aqui como acordos à margem de leis ou contra leis que reprimem o abuso do poder econômico; também certos *restrictive covenants*, com corte na pretensão ou na ação, caso daqueles em que se determina que não se faça determinado ato, como sublocação para pessoas de cor. Procurou-se ver ao lado do mundo jurídico uma zona cinzenta, parajurídica, na qual se inseririam todas essas situações.[186] Cogita-se, contudo, ou de atos nulos ou de atos ainda não jurídicos. O tratamento dos que forem nulos em nada difere dos demais casos de nulidade. O que se procura é transformar conceitos econômicos ou sociais, com eficácia também econômica ou social, em conceitos jurídicos.

No *gentlemen agreement*, cujo exemplo famoso é o do *Gary dinner*, cuida-se de ato nulo e em nada importa que as partes, cientes dessa nulidade, e nela interessadas, cumpram os deveres como se fossem jurídicos. Trata-se aí de eficácia social ou econômica, mas não de eficácia jurídica, porque o ato pertence à categoria daqueles proibidos expressamente em lei. Quanto ao *restrictive covenant*, a sua condição é a de ato nulo por ferir os bons costumes.

Deveres secundários

Categoria das mais importantes é a dos deveres secundários, como resultado da incidência do princípio da boa-fé. Já tivemos oportunidade de versar a transformação operada no conceito de relação obrigacional. O princípio da boa-fé, como o de autonomia, incide não apenas no plano obrigacional, como também no dos direitos reais. Estamos, porém, tratando desse princípio na primeira daquelas dimensões. Os deveres que nascem dessa incidência são denominados secundários, anexos ou instrumentais. Corresponde ao termo germânico *Nebenpflichten*. No direito anglo-americano, faz-se também a dis-

---

[186] Reuss, Die Intensitätsstufen der Abrede und die "gentlemen agreements", *Archiv f. die civ. Praxis*, v. 154, p. 485 e segs.

tinção entre *condition* e *warranty*, porém, lá, as obrigações diferem, em muito, do conceito no direito continental-europeu, de que somos também herdeiros.

No nosso Código Civil, os deveres secundários não aparecem formando um sistema, mas em alguns artigos se fazem presentes, de regra, relacionados com a culpa.

Como já mencionamos, a particularidade mais importante de algumas das obrigações anexas é a de ainda perdurarem, mesmo depois do adimplemento da obrigação principal, de modo que, quando se diz que o adimplemento extingue a relação jurídica, se deve entender que se extingue um crédito determinado.[187] Foram feitas algumas tentativas de construir um "sistema geral" de obrigações e incluírem-se todas as obrigações anexas e mesmo os ônus ou incumbências, os deveres para consigo mesmo, sob a denominação genérica de obrigatoriedade.

A tentativa de Reimer Schmidt[188] de, com auxílios de dados psicológicos, reexaminar o sistema de coação no direito privado não teve, contudo, maior êxito. A utilização de conceitos meramente psicológicos subjetivaria todo o conceito de obrigação, chegando-se a admitir os "deveres para consigo mesmo" como deveres jurídicos. Apagaria, ademais, a distinção entre o mundo social e jurídico, permitindo o tratamento de situações sociais ou econômicas como se fossem deveres ou direitos. Certamente o mundo jurídico tem lacunas, mas isso significa que ele está em contínua evolução, dinamizando, em contato com as necessidades sociais, os seus princípios, de modo que abranjam situações não previstas anteriormente. Mas o direito, como ciência, exige conceitos que não podem ser considerados eqüiponderantes com os sociais. Conceito inafastável é, e.g., o de relação jurídica entre, pelo menos, duas pessoas. Não se pode também dar o mesmo valor à vantagem e ao direito.

Por esse motivo, a concepção de Schmidt não prosperou e encontra-se, praticamente, abandonada. O exame de Schmidt, todavia, não se endereçou somente a esses aspectos. Denominou os deveres anexos como obrigatoriedade, isto é, deveres com sanção direta de menor intensidade de coação, ou deveres de grau menor.[189] Nesse ponto, lapidada a sua dissertação do tratamento conjunto de certas figuras e conceitos psicológicos, mostra-se de inegável utilidade.[190]

---

[187] Esser, *Schuldrecht*, p. 77.
[188] *Die Obliegenheiten*, p. cit.
[189] *Die Obliegenheiten*, p. 103.
[190] Enneccerus–Lehmann, *Lehrbuch*, v. II, p. 14.

Os deveres secundários comportam tratamento que abranja toda a relação jurídica. Assim, podem ser examinados durante o curso ou o desenvolvimento da relação jurídica, e, em certos casos, posteriormente ao adimplemento da obrigação principal. Consistem em indicações, atos de proteção, como o dever de afastar danos, atos de vigilância, de guarda, de cooperação, de assistência.

O objeto de alguns deles é, portanto, "fazer" ou "não fazer", consistindo alguns em declarações de ciência, como nas indicações e comunicações; outros, em atos determinados. Consistindo o adimplemento em ato-fato, é desnecessário pesquisar se houve ou não vontade. A eles, via de regra, não corresponde pretensão, como nos deveres de comunicar e indicar, em que o credor evidentemente não tem conhecimento de situação que deva ser esclarecida. Mas o dever de prestar contas, que pode ser havido como anexo em certos contratos que a ele não se refiram expressamente, confere, entretanto, pretensão.

O vendedor deve proceder cuidadosamente e levar em conta as preferências manifestadas pelo comprador. Isso se refere à escolha do meio de transporte e inclusive de seguradora. Uma lesão de dever resultará quando o vendedor enviar mercadoria em momento impróprio, quando não tiver o comprador mais interesse.[191] Às vezes, porém, ultrapassam o adimplemento da obrigação principal e são acionáveis independentemente.

Na hipótese em que *A*, proprietário de um campo com matas, vende a *B* número *X* de quadras, reservando-se o direito à diferença para mais, se houver, a ser entregue em determinado local, não pode *B*, comprador, derrubar todas as árvores existentes no local em que deverá restituir a diferença porventura existente.

O procedimento segundo a boa-fé será o de abster-se de cortar a madeira compreendida na região em que deverá entregar a sobra. Deverá, então, medir primeiramente e, verificada a sobra, entregá-la intacta. Não poderá derrubar e industrializar a madeira que estiver no lugar em que deverá entregar a sobra, se houver. Se tal ocorrer, e se realmente houver diferença, incumbe-lhe arcar com perdas e danos. Isso, porém, não anula a venda anteriormente feita, nem funciona como condição.

Os exemplos multiplicar-se-iam, se quiséssemos tratar casuisticamente dos deveres de assistência e guarda.

---

[191] Siebert, *Treu und Glauben*, p. 34.

Deveres de indicação e esclarecimento

O dever de esclarecimento, como seu nome indica, dirige-se ao outro participante da relação jurídica, para tornar clara certa circunstância de que o *alter* tem conhecimento imperfeito, ou errôneo, ou ainda ignora totalmente. Esclarecimento, evidentemente, relacionado com alguma circunstância relevante. Não se trata de dever para consigo mesmo, mas em favor de outro. A deve a indicação em favor de B. É certo que dessa indicação pode resultar uma situação mais favorável inclusive para o que indica. Mas em se tratando de dever que resulta da incidência do princípio da boa-fé, essas indicações, às vezes, estão disciplinadas especificamente, como a indicação do término do mandato. Será desnecessário examinar todos os dispositivos em que aparece o dever de indicar, expresso por diferentes vocábulos, como notificar, comunicar ou avisar.

A importância de bem classificar e distinguir o que seja dever anexo está em que a doutrina sempre via, nos exemplos aludidos, atos em sentido estrito. A chave para a solução está em saber se há exercício de poder, de faculdade ou mesmo de direito formativo – hipótese em que não se cogitaria de adimplemento de dever anexo –, ou se há, realmente, cumprimento de dever.

Esses deveres de esclarecimento têm como objeto uma declaração de conhecimento. Constituem-se em resultado do pensamento cognitivo e não volitivo e, por esse motivo, possuem somente caráter declaratório. A declaração de vontade tem, ao contrário, caráter constitutivo.[192] Problema interessante é o de saber se, para emissão de uma declaração de comunicação, ou de indicação, é necessário ou não o requisito geral dos atos jurídicos, a capacidade. Para responder essa questão de não diminuto interesse doutrinário e prático, é preciso salientar que o dever de indicação surge tendo em vista o conhecimento da situação que deva ser indicada. Essa afirmativa parece ser truísmo, mas precisa ser examinada melhor para compreensão do assunto. O princípio, portanto, é o de que ninguém pode estar obrigado a esclarecer aquilo de que não tenha conhecimento preciso. O caráter declaratório, a circunstância de não modificar o mundo dos fatos, já permite sugerir a conclusão de que a capacidade é desnecessária, no sentido de que alguém dela carente possa eficazmente fazer a indicação – não, porém, no sentido de que o incapaz esteja obrigado a declarar. A situação do incapaz, nesse particular, equipara-se a de quem desconhece a situação a ser indicada. Mas, se ainda assim indicar, essa declaração

---

[192] Schmidt, *Die Obliegenheiten*, p. 134.

de esclarecimento terá o mesmo valor de toda e qualquer declaração. Todavia, é preciso distinguir certas situações que, às vezes, ocorrem em determinados contratos, como, por exemplo, no de seguro. O segurado está obrigado a indicar, em atenção ao contrato que se aperfeiçoa, todas as circunstâncias que possam influir no cômputo do prêmio. Note-se, porém, que esse "dever" não passa de ônus, e que isso ocorre naquelas situações em que é facultado à parte, ao fazer determinado seguro, incluir no âmbito de abrangência da apólice certos bens, ou cobrir área maior ou menor de risco. Aí se cogita de "dever para consigo mesmo", o que não constitui propriamente dever em sentido jurídico, mas meramente ônus. Nessa hipótese, evidentemente, dever-se-á exigir a capacidade. Mesmo porque, em se tratando de ônus, não se cuidará propriamente de declaração de ciência, mas de vontade, pois alterará o montante de uma das contraprestações do prêmio. Essa declaração está ligada indissociavelmente com a da vontade, que forma o núcleo do ato jurídico. O mesmo sucede com certas circunstâncias que ocorreram no desenvolvimento do vínculo obrigacional. Para exemplificar: *A* fez seguro de construção de alvenaria. Em determinado momento, contudo, desejou usar explosivos, não mencionados na apólice. A declaração de ciência, aí, é também ônus, "dever para consigo mesmo". Se quiser, fará a "declaração de ciência", em realidade de vontade, alterando o contrato de seguro, para, desse modo, abranger a situação de perigo decorrente do emprego de explosivo. Se não o fizer e suceder algum acidente em razão do uso de explosivo, esse evento não estará coberto pela apólice. O dever de indicar aparece freqüentemente nas relações provenientes do contrato de locação, quando ocorre alguma situação susceptível de afetar o imóvel locado. Tendo o locatário a posse, possui o dever de indicar a ocorrência de todo e qualquer fato que possa prejudicar o objeto do aludido contrato. Essa declaração é meramente de ciência, mero resultado do pensamento cognitivo. É preciso salientar que, de modo geral, o adimplemento de todo e qualquer dever se constitui em ato-fato, como já foi mencionado em outro lugar. Entre esses deveres de indicar, esclarecer ou comunicar, pode-se conumerar o dever secundário. Pense-se na hipótese em que *A* entrega importância *X* a *B*, para que pague uma quantia não previamente estipulada, como indenização de *Y* empregados, com a obrigação de devolver o que sobrar a *C*. Em face de sua eventual recusa, ou mesmo quando *B* queira pagar, *C* tem a pretensão de exigir prestação de contas de dinheiro entregue por *A*, sem que haja expressa menção a esse dever no contrato lavrado entre *A*, *B* e *C*.

Deveres de cooperação e auxílio

Todos os deveres anexos podem ser considerados deveres de cooperação. Alguns autores, porém, costumam dar significado restrito a esses deveres, de modo a abranger somente os deveres de auxílio,[193] entendidos aqui como aquelas hipóteses em que o fim somente pode ser obtido com a cooperação mútua. Não se quer com isso dizer que esses deveres se confundam com o próprio escambo, o qual obviamente só pode ser obtido se cada uma das partes cumprirem as suas obrigações. Denominam-se deveres de auxílio certo tipo particular que nada tem que ver propriamente com as prestações principais, objeto do escambo. Assim, quando, no comércio internacional, A contrata com B a entrega de determinada mercadoria sujeita à licença de exportação, deverá providenciar, com todo o zelo, para obtê-la. A obrigação principal é a entrega da mercadoria. Todavia, impõe-se, quando se tratar de obrigação sujeita a licença, obtê-la do órgão competente. Não se liberaria da obrigação o devedor, e poderia o credor, no estrangeiro, rejeitar a mercadoria, se aquele a enviasse ao arrepio da legislação a respeito. O correto adimplemento dessa hipótese não há que consistir em apenas enviar a mercadoria (obrigação principal), pois deverá ainda cumprir os deveres de auxílio, tais como obter, se for o caso, a competente licença.[194]

Deveres independentes e dependentes

Os deveres anexos dividem-se em deveres dependentes e independentes. Esse discrime tem seu fundamento na verificação de que alguns deles são susceptíveis de ultrapassar o término da obrigação principal, de terem assim vida própria.

Em razão dessa particularidade, podem ser acionados independentemente da prestação principal. Em virtude de poderem ser acionados sem com isso acarretar o desfazimento da obrigação principal, é que se lhes denominou deveres anexos independentes. Dependem, contudo, da obrigação principal para seu nascimento, podendo, porém, como já se mencionou, perdurar ainda depois do cumprimento daquela. As obrigações anexas dependentes são consideradas pertenças das obrigações principais. O seu descumprimento acarretará também

---

[193] Esser, *Schuldrecht*, p. 111.
[194] Esser, *Schuldrecht*, p. 112.

o do dever principal. Por esse motivo, não têm acionabilidade própria. Entre os deveres que permanecem mesmo depois da extinção da relação principal, pode ser mencionado o dever do sócio, que se retira de uma sociedade, de não prejudicar o funcionamento da sociedade de que participou, revelando circunstância que só podia conhecer em razão de sua qualidade de sócio. Outro exemplo é o dever de empregado que, nessa qualidade, tomou conhecimento de alguma circunstância relevante, como um segredo de fabricação, de não levá-lo ao conhecimento, por exemplo, de uma firma concorrente, mesmo depois de haver sido despedido. AlgEuns desses deveres são, inclusive, objeto de normação específica, como, por exemplo, o de guardar sigilo, dos médicos e advogados, que perdura ainda depois de cumprida a obrigação principal. Não se pode de antemão dizer quais são os deveres acionáveis, pois isso depende do exame concreto de cada um deles no desenvolvimento da relação obrigacional. Pode-se, apenas, indicar as hipóteses mais evidentes, mas não se pode *a priori* dizer quais os que são acionáveis sem acarretar o desfazimento da relação principal, e quais os que não o são.

As particularidades desses deveres anexos e autônomos, de poderem ser acionados independentemente da obrigação principal e de perdurarem alguns deles, ainda, após o seu término, são a circunstância de terem fim próprio, diverso do da obrigação principal. Como já se aludiu, o fim comanda toda a relação jurídica e conforma os deveres e direitos que a relação jurídica produz em contato com a realidade social, no curso de seu desenvolvimento.

Deveres do credor

A concepção atual de relação jurídica, em virtude da incidência do princípio da boa-fé, é a de uma ordem de cooperação, em que se aluem as posições tradicionais do devedor e credor. Com isso, não se pense que o credor deixará de estar nitidamente desenhado como aquele partícipe da relação jurídica que é titular de direitos e pretensões. Amenizou-se, é certo, a posição deste último, cometendo-se-lhe, também, deveres, em virtude da ordem de cooperação. Com isso, ele não deixou de ser o credor, sujeito ativo da relação, mas reconheceu-se que a ele cabiam certos deveres. Não caberá, a toda evidência, a efetivação da obrigação principal, porque isso é pensão precípua do devedor. Caber-lhe-ão, contudo, certos deveres como os de indicação e de impedir que a sua conduta venha dificultar a prestação do devedor. Este último dever, como já se mencionou, é bilateral. Se houver descumprido um desses deveres, não poderá exigir a pretensão para haver a obrigação principal. Dir-se-ia que a sua pretensão precluiu (*verwirkt*).

Ônus e "deveres para consigo mesmo"

Não faz muito tempo, alguns juristas começaram a mencionar que, além dos deveres a que nos referimos, outros existiam. Deveres estes, já não mais para com o credor, mas do devedor para consigo. Custa imaginar como alguns conspícuos juristas puderam chegar a essa afirmação.

Os "deveres para consigo mesmo", aos quais já nos referimos, não constituem deveres na sua verdadeira acepção. Somente podem ser considerados ônus, algo que não pertence ao mundo jurídico, mas ao mundo dos fatos. Esses ônus, por não se constituírem em deveres no sentido jurídico, exatamente porque dever é sempre dever para com alguém, podem, entretanto, constituir direito formativo. A possibilidade que tem o segurado de aumentar o âmbito de abrangência da apólice, em razão de situação de perigo nela não previsto, repercute no mundo jurídico como exercício de direito formativo modificativo, como no exemplo a que anteriormente aludimos.

Teoria da impossibilidade

Impossibilidade absoluta e relativa

A impossibilidade das obrigações, ou melhor dito, das prestações, comporta duas divisões: uma é a impossibilidade antes e no momento da feitura do negócio jurídico (inicial), e a outra, a ele posterior, denominada superveniente.

Ambas podem ser absolutas ou relativas. Diz-se que a impossibilidade é relativa, quando falta ao devedor meios para prestar; tem aí o significado de insolvência (*Unvermögen*) – o bem não está no patrimônio. A impossibilidade absoluta o é para todos; nem A nem B nem C, nem qualquer outra pessoa pode prestar. A impossibilidade ocorre sem culpa ou com culpa do devedor[195] ou do

---

[195] Código Civil, art. 865 (234), *in fine*.

credor.[196] O negócio jurídico, cuja prestação é impossível de modo absoluto, impossibilidade essa inicial, é nulo. A impossibilidade relativa inicial não anula o negócio jurídico, pois, ainda que não possua o bem no momento da conclusão do negócio, poderá prestar, uma vez que a impossibilidade não o é para todos, isto é, absoluta. Se não tiver o objeto para prestar, é preciso verificar se não o possui por circunstância a ele imputável (culpa), ou em razão de caso fortuito ou de força maior. O Código Civil brasileiro não tem artigo semelhante à alínea II do §275 do BGB, que emite a seguinte regra: "Equipara-se à impossibilidade absoluta superveniente, a inaptidão (insolvência) relativa e também superveniente do devedor para prestar". Com base na inexistência de artigo similar ao aludido, entendeu Pontes de Miranda que, no direito brasileiro, a impossibilidade superveniente que libera é somente a absoluta,[197] divergindo, nesse particular, do germânico, com profundas repercussões nas soluções práticas. A primeira e mais importante delas seria a de uma hipótese de mora sem culpa, qual seja, a de devedor que sem culpa não pode prestar, sendo entretanto possível essa prestação por outros. No sistema jurídico brasileiro – escreve Pontes de Miranda –, a impossibilidade superveniente pode ser com culpa ou sem culpa do devedor, de modo que incidem os arts. 865 *(234)*, *in fine*, 867 *(236)*, 870 *(239)*, 876 *(245)*, 879 *(248)*, *in fine*, e 883 *(251)* do Código Civil, se culpado o devedor. Se não se tratar de impossibilidade (impossibilidade objetiva posterior), o princípio é o da responsabilidade ainda sem culpa, porque se deixa de adimplir, sem alegar impossibilidade.[198] Milita em favor da opinião de Pontes de Miranda, sustentada, ao que parece, pela primeira vez no direito brasileiro, a circunstância de que a impossibilidade só é verdadeira se absoluta.[199] Por esse

---

[196] O Código Civil formula regra referente à inexecução das obrigações em seu art. 1.057 *(392)*, dispondo que "nos contratos unilaterais, responde por simples culpa o contraente, a quem o contrato aproveite, e só por dolo aquele a quem não favoreça. Nos contratos bilaterais, responde cada uma das partes por culpa". Contém esse artigo a regra de que o credor responde por culpa. Nos contratos bilaterais, portanto, se a coisa perecer por culpa do credor, este deverá responder. Conforme o art. 1.059 *(402)*, "as perdas e danos devidos ao credor, abrangem, além do que ele efetivamente perdeu, o que razoavelmente deixou de lucrar". Além disso, poderá exigir a contraprestação, o que, aliás, não está expresso em nosso código, como o fez §324 do BGB, mas que é princípio dessumível da regra exposta no art. 1.057 *(392)*.
[197] Miranda, *Tratado*, v. 22, p. 69.
[198] Miranda, *Tratado*, v. 22, p. 68.
[199] Mais importante, a nosso ver, para firmar o ponto de vista de que a impossibilidade relativa não exonera o devedor, seria o preceito do art. 1.091 do Código Civil, referente aos contratos: "A impossibilidade da prestação não invalida o contrato, sendo relativa, ou cessando antes de realizada a condição." Haveria, evidentemente, dando a devida extensão ao princípio que este artigo expõe, conflito com a disposição do art. 963 *(396)*. Os intérpretes, porém, de nosso Código Civil têm sustentado que a impossibilidade posterior relativa exonera (M. I. Carvalho de Mendonça, *Doutrina e prática das obrigações*, 1956, v. I, p. 184). Santos entende que o dispositivo se refere à mera dificuldade, que, a seu turno, não se confunde com a impossibilidade relativa (*Comentários ao Código Civil*, 1936, v. 15, p. 211).

motivo, os códigos nada dizem a respeito da impossibilidade relativa inicial, e ninguém poderá pretender que a mera insolvência anterior ao contrato seja suficiente para anular o convencionado. E não o fazem porque sentem que impossibilidade, quando o código não se refere explicitamente à inaptidão, é somente a absoluta. Todavia, a solução apregoada por Pontes de Miranda, se não colide com os princípios referentes à impossibilidade quando examinados isoladamente os textos, sem dúvida alguma ferirá a regra do art. 963 (396), segundo a qual "não havendo fato ou omissão imputável ao devedor, não incorre este em mora". Conforme este artigo, somente poderá haver mora quando houver fato ou omissão imputável ao devedor. Cuida-se aí da *mora debitoris*. Esse artigo expressa uma regra da qual se pode tirar conseqüência semelhante à da alínea II do §275 do BGB. Se somente existe mora com fato imputável ao devedor, não se pode chegar a uma solução jurídica na qual se manifesta uma forma de mora sem culpa.

Ainda que se trate de insolvência, desde que esta não ocorreu por circunstância imputável ao devedor (culpa), não está ele em mora e, portanto, não responde. Essa afirmação outra coisa não significa senão a equiparação da impossibilidade relativa superveniente à absoluta. É que o art. 963 (396) cobre toda a área da mora, todas as hipóteses de retardamento da prestação. Por esse motivo, deve-se admitir que desse princípio decorra a equiparação da insolvência (impossibilidade relativa) posterior à absoluta.

Distingue-se também impossibilidade no sentido das ciências naturais e no sentido jurídico. Naquela acepção, impossível só é a prestação de coisa que já não mais existe.[200] Praticamente impossível de modo absoluto (*unerbringlich*) é a prestação que não desapareceu no sentido do exemplo anterior, mas não é mais encontrável (a coisa roubada que não deixou vestígios, ou perdida) ou não se pode mais reaver (como o anel que caiu ao mar).[201]

Juridicamente impossível é uma sobre-hipoteca para recair em bem que já não a comporte; a venda de algo que já é de propriedade do credor. Essa impossibilidade recai sobre o próprio objeto; por esse fato, é impossibilidade perante todos, absoluta e inicial. Finalmente, há quem inclua entre as hipóteses de impossibilidade econômica aquela a que aludiremos mais adiante.

No direito das obrigações, o Código Civil brasileiro não editou nenhuma regra semelhante ao §306 do BGB, segundo o qual "o contrato que se dirija a uma prestação impossível é nulo". Cuida-se aí de impossibilidade objetiva e

---

[200] Palandt–Danckelmann, *Kommentar*, p. 231 e segs.
[201] Vd. Palandt–Danckelmann, *Kommentar*, p. 232; Esser, *Schuldrecht*, p. 330 e segs.

inicial. Consagrou, todavia, a mesma regra, na parte geral, art. 145 *(166)*, II, ao afirmar, entre outras hipóteses, que é nulo o ato jurídico quando for impossível o seu objeto. Esse dispositivo diz respeito à impossibilidade absoluta inicial. O ato jurídico contrário à expressa determinação de lei, que o comina de nulo, não o é por impossibilidade. A ele não se aplica o disposto no art. 145 *(166)*, II, mas o art. 145, V *(166, VII)*,[202] em que se diz ser nulo o ato jurídico quando a lei taxativamente o declarar nulo e negar-lhe efeito. Exposta assim a impossibilidade inicial, ou insolvência, ou, talvez melhor, inaptidão para prestar (termo mais genérico que abrange não só a impossibilidade da obrigação de dar, como também a de fazer), poderia parecer que a matéria fosse de simples explanação. Paul Oertmann, jurista que deixou profundas marcas no pensamento jurídico contemporâneo, em trabalho sobre a impossibilidade relativa inicial, referiu-se ao tema como dos mais obscuros e plenos de dúvida da dogmática.[203]

No direito romano a inaptidão não liberava: "*Si ab eo stipulatus sim, qui efficere non possit, cum alio possibile sit, iure factam obligationem Sabinus scribit*".[204]

O momento para caracterização de impossibilidade inicial é o do aperfeiçoamento do negócio jurídico. O direito brasileiro formulou em artigo (1.091, *in fine*) princípio semelhante ao §308, II, BGB, segundo o qual, se o ato estiver sob condição suspensiva ou a prazo inicial e se, no período de tempo entre a conclusão do ato e a realização da condição ou do termo, tornar-se possível a prestação, o contrato será válido e eficaz (*gültig*). Pontes de Miranda[205] critica o texto por referir-se também à impossibilidade jurídica. Pergunta-se por exemplo se é possível para A, proprietário de bem clausulado de inalienabilidade, vendê-lo a B, condicionada a venda à efetivação da sub-rogação do ônus por permuta. Aí temos um exemplo de impossibilidade jurídica objetiva (bem clausulado) de negócio jurídico. Seria válido ou nulo esse negócio jurídico?

Em primeiro lugar, para diferençar melhor nulidade de ato impossível da de ato resultante da expressa proibição de lei, é preciso notar que ato contrário à expressa disposição (art. 145 *[166]*, V) é ineficaz, porque é nulo, e o ato juridicamente impossível é nulo, porque é ineficaz, uma vez que não se pode

---

[202] A mesma solução no direito germânico, quando a prestação, objeto do contrato, é proibida por lei, que a declara nula, a hipótese não é a do §306, mas a do §134, tendo este último dispositivo âmbito igual ao do art. 145, V *(166, VII)*, do nosso Código Civil. Vd. Palandt–Danckelmann, *Kommentar*, p. 231; Miranda, *Tratado*, v. 4, p. 136.
[203] *Anfängliches Unvermögen*, *Archiv f. die civ. Praxis*, v. 140, p. 129.
[204] D. 45, 1, 137, 5.
[205] *Tratado*, v. 4, p. 166.

efetivar a prestação. Na primeira hipótese, há um juízo de valor; na segunda, como o ato é inútil, a lei declara-o também nulo e, em conseqüência, de nenhum efeito perante todos. Se inexistisse o instituto da sub-rogação, ou, se a venda fosse pura e simples, sem condição, o ato seria evidentemente nulo por impossível. Condicionada, porém, a venda, não vemos como dá-la como nula, se, posteriormente, houver a sub-rogação do ônus.

Nos negócios que dependem de licença, manifesta-se problema aparentemente semelhante, mas na realidade diverso. Se A vende a B determinada mercadoria, necessitando o próprio negócio obrigatório de licença, que, por sua vez, depende do líbito da administração, o negócio jurídico está *in medio tempore* em estado de ineficácia pendente. Se ela não for concedida, não se integrará um dos pressupostos de eficácia do negócio jurídico. Há uma corrente que vê, aí, hipótese que não se ajusta nem à impossibilidade inicial, nem a ato contra expressa determinação de lei, nem, também, à impossibilidade superveniente, porque esta última só poderia ocorrer se se tratasse de requisito de negócio de adimplemento, o que não é o caso.[206] A matéria endereça-se, em primeiro lugar, à caracterização de insolvência, quando se tratar de promessa de fato de terceiro (licença, por exemplo, de um órgão estatal ou paraestatal). Oertmann[207] sustenta que nessa espécie não tem sentido falar-se em insolvência, porque o que se deve é a própria atividade, o cumprimenro de todos os deveres necessários à efetivação.

Em outros termos, significaria que, mesmo em se tratando de impossibilidade inicial, o devedor liberar-se-ia, desde que alegasse não ter culpa na não realização da prestação. A obrigação, em última análise, transformar-se-ia em obrigação de meios. Via de regra, em se tratando de insolvência, o devedor, salvo cláusula limitativa ou excludente, assume o risco de que o resultado, a prestação principal, se efetive. Se tal não ocorrer e se não houver a mencionada cláusula, não poderá o devedor alegar ausência de culpa. Essa cláusula de exclusão de riscos pode vir formulada como condição do negócio jurídico. Pode, também, ser presumida ou decorrente do uso como meio legal de interpretação do direito comercial.

O problema da insolvência é sumamente importante porque está em íntima relação com a circulação dos bens. Pode-se mesmo dizer, sem grande exagero, que o comércio de modo geral se realiza através de vendas de bens e utilidades que, no momento, não se encontram no patrimônio do vendedor.

---

[206] Palandt–Danckelmann, *Kommentar*, p. 235; Larenz, *Lehrbuch*, v. I, p. 77.
[207] Anfängliches cit., p. 138.

Assim, a solução tem grande interesse perante a própria economia. Na hipótese de venda que dependa de licença (de negócio obrigatório sob ineficácia pendente), afirma-se que a impossibilidade é prévia porque ela existe desde o momento, ou antes ainda, do aperfeiçoamento do ato. A hipótese, portanto, tem sido tratada como insolvência inicial, ou como terceiro gênero, não abrangente daquelas duas outras espécies. A figura, porém, deve ser parificada como a da venda sob condição, no caso, de que a licença seja concedida.

Nesse tipo de negócio, como é por todos sabido que depende de licença, presume-se que a vontade declarada estava na dependência dessa mesma concessão, através da interpretação integrativa, porque esse é o uso (venda civil), ou da aplicação de uso como meio legal de hermenêutica (direito comercial). Em si, tratar-se-ia de promessa de fato de terceiro, mas a cláusula excludente de responsabilidade tem-se como implícita nesse tipo de negócios. Se essa não for a hipótese e o vendedor tiver deixado de mencionar essa circunstância relevante, os prejuízos ser-lhe-ão imputáveis.

Destruição culposa do bem

Em se tratando de perecimento culposo, devido, portanto, à conduta imputável ao devedor, o princípio é de que este responderá pelo equivalente mais perdas e danos (art. 865 [234], *in fine*). Cogitando-se de deterioração, por sua vez, o princípio é o de que "poderá o credor exigir o equivalente, ou aceitar a coisa no estado em que se acha, com direito a reclamar, em um ou em outro caso, indenização das perdas e danos" (art. 867 [236]).

Em razão de impossibilidade inicial, absoluta, como já afirmamos, o contrato é nulo. Mas, se uma das partes tiver feito gastos e confiado, por desconhecimento, na sua efetivação, deve o outro indenizar os "danos da confiança", cujo montante se resume ao efetivamente gasto para realização do negócio jurídico (*culpa in contrahendo*). Esse princípio abrange não só os contratos unilaterais, como também os bilaterais.[208] Se não houver culpa, porém, nada haverá que prestar. Na impossibilidade posterior, com culpa do devedor, o credor terá direito ao equivalente, mais perdas e danos (art. 865 [234], *in fine*); se, por culpa do credor, não poderá este subrogar-se no cômodo substitutivo: se a coisa doada estiver segurada, o credor não poderá pretender o valor do

---
[208] Esser, *Schuldrecht*, p. 330.

seguro, em se tratando de ato unilateral; no caso de contrato bilateral, o devedor libera-se da prestação, mas o credor deve satisfazer a sua; em se tratando de culpa mútua, do credor e devedor, em ato unilateral, opera-se a liberação; nos contratos bilaterais, é preciso examinar qual o fato preponderante: quem descumpriu o princípio da boa-fé.[209]

Impossibilidade econômica

Uma doutrina que sempre tem fascinado os juristas, principalmente em épocas de grande depressão econômica, é a cláusula *rebus sic stantibus*,[210] segundo a qual seria admissível, nos contratos de prestação duradoura, corrigir-se, em nome da justiça imanente nos contratos, no sinalagma, as desproporções determinadas pela desvalorização da moeda. Sem examinar essa teoria, de cunho medieval, desde o nascedouro, mas, apenas, desde que Windscheid lhe deu vigoroso impulso e nova formulação através da teoria da pressuposição, de condição não totalmente desenvolvida, mas, nem por isso, sem eficácia sobre a relação material, vê-se que a ela tem crescido, dia a dia, o número de adesões. É certo que ela foi recusada pelo Código Civil germânico, ao refletir o estágio da ciência jurídica à época. E repeliu-a, tendo em vista, sobretudo, o ensaio de Otto Lenel a respeito da teoria da pressuposição, ao qual anteriormente aludimos. No fundo, como afirma o famoso jurisconsulto, tratava-se de uma forma de dar relevância ao motivo, não admitida pelos juristas romanos, pelo menos no período clássico, quando examinaram e recusaram a questão da repetibilidade na *condictio ob causam*. Entre as obras, porém, que depois se escreveram, nenhuma mereceu maior atenção do que a de Larenz. À matéria, dedicou um livro que logo se tornou citação obrigatória para todos os que versam o tema: *Base do negócio jurídico e adimplemento contratual*.

Antes de entrarmos no exame do problema, convém esclarecer que, com aplicação do princípio da boa-fé, se amenizaram em muitos casos soluções que externamente eram ou seriam consideradas injustas, tendo em vista a sua extraordinária dificuldade, que fazia equiparar com a impossibilidade, equiparação essa não decorrente de uma mera eqüidade do momento, ou de ocasião, mas derivada de uma proposição jurídica, de uma norma não escrita. É certo que

---

[209] Vd. Esser, *Schuldrecht*, p. 330.
[210] Hoje, a teoria da cláusula *rebus sic stantibus* está abandonada em sua formulação tradicional. Somente em alguns dispositivos legais se faz menção a esta doutrina.
Utilizamos no texto a expressão "cláusula *rebus sic stantibus*" em sentido genérico.

esse procedimento não poderia merecer os aplausos de alguns juristas atuais e de outros do princípio do século, como Planck, cujos comentários ao Código Civil são ainda hoje de extraordinária importância. Dessa opinião não fez segredo ao comentar o referido §242 do Código Civil alemão.[211] Daí surgiu o conceito de "limite de sacrifício" (*Opfergrenze*). O que se deve entender, entretanto, por limite de sacrifício e qual a sua fundamentação? A fundamentação que então se encontrou foi ainda o conceito material de relação jurídica, como algo dimanante da justiça comutativa; em sua essência, tal como pensava o Estagirita. Historicamente, o maior problema para aplicação, e daí, também, até certo ponto, a recusa de pensar até o fim na idéia da relação jurídica como algo em que justiça comutativa é imanente, foi o princípio da autonomia da vontade. A ciência do direito atual ainda não avançou muito, nem libertou-se dos postulados que nos legou o século precedente e está como que jungida ao princípio da autonomia, ao ponto até de pervertê-lo, pois tudo se procura deduzir de uma vontade, muitas vezes inexistente. Certo, como já se frisou neste trabalho, a vontade é a principal fonte de direitos e obrigações, mas não a única. Ademais, sabe-se que a vontade representa, do ponto de vista de nossa concepção de direito, o "círculo de poder do indivíduo" perante o poder do Estado e, abolindo-se essa, aluir-se-á o próprio conceito de pessoa, pelo menos o conceito de capacidade negocial. Por esse motivo, a teoria do limite de sacrifício não a exila ou afasta do campo da ciência do direito, mas também não lhe pode dar uma extensão a ponto de tornar a relação jurídica algo meramente formal.

No conceito material de relação jurídica é que se adentra o conceito de justiça comutativa como algo imanente ao vínculo, como algo que não afasta a autonomia privada, mas que também não capitula em nome do princípio da autonomia da vontade, quando este outra coisa não é senão mera ficção.

Sentido de adaptação

Há um aspecto que precisa ser esclarecido e que, até certo ponto, faz penetrar um pouco de luz sobre esse assunto tão discutido, qual seja, o da base do negócio jurídico. É conquista relativamente recente na dogmática jurídica o princípio de que a vontade do legislador não prevalece na interpretação da lei, porque essa precisa adaptar-se às condições sociais. As leis, portanto, tendo destino duradouro, não podem ficar condicionadas a uma hipotética vontade de

---

[211] Planck, *Kommentar zum Bürgerlichen Gesetzbuch*, 1907, v. II, p. 10.

legislador e são adaptadas às situações de cada época. Nos contratos – na época em que prevalecia interpretação da vontade abstrata –, o fenômeno era o mesmo. *Pacta sunt servanda* era princípio que não comportava exceção. O sistema de direito manifestava-se no que tocasse à interpretação de modo harmônico. Em se tratando de lei, vigorava a vontade do legislador e, no respeitante aos atos jurídicos, o princípio também era o que correspondia àquela posição, o da vontade das partes. Colocava-se assim o ato jurídico completamente à margem da vida. O pensamento, porém, daqueles que vêem no contrato uma vontade abstrata, que defendem a posição de que, uma vez perfeitos, estão livres de toda e qualquer modificação, ainda que ditada por novos fatos sociais, outra coisa não consiste senão em considerar o contrato algo meramente formal, verdadeiro mecanismo à margem da vida, maior produtor de conflitos de interesses do que soluções para os mesmos. No direito germânico, onde mais presente se fez a elaboração doutrinária a esse respeito, motivada pelas crises, pode-se dizer, cíclicas por que passou sua economia, logo acudiram soluções doutrinárias e jurisprudenciais.

A primeira das soluções, aventadas pela jurisprudência, foi a de considerar aplicáveis à impossibilidade econômica os princípios que norteavam a impossibilidade natural e jurídica.[212] O ponto de vista de que se valeu a jurisprudência nada tinha com algo relacionado ao motivo, cálculos, probabilidades, porque este, a teor do direito germânico, depende de expressa menção. Não se cuida aí de falsa causa, mas de impossibilidade ou, talvez melhor dito, de insolvência superveniente, em que se não manifesta culpa de quem tem que adimplir, insolvência essa decorrente da desvalorização da moeda que torna o contrato impróprio ao fim a que se destina. A jurisprudência passou a exigir nos contratos duradouros e bilaterais, como nos arrendamentos em que se manifesta a desvalorização extraordinária da contraprestação em moeda,[213] que esta última fosse adequada àquela de modo a manter-se já não se dirá a relativa equivalência, mas pelo menos a categoria do contrato. Não é impensável a transformação, em país de desvalorização crescente da moeda, de um contrato bilateral em ato unilateral. A menos que se admita como possível manutenção da categoria jurídica do contrato, ainda que a contraprestação não passe de uma *peppercorn*, ter-se-á que adaptar o mencionado contrato às condições econômicas vigentes. Mas, aqui, já se manifesta uma transposição do tratamento jurídico. Do conceito de impossibilidade econômica, transferiu a jurisprudência a sede do problema

---

[212] Siebert, *Treu und Glauben*, p. 75.
[213] Siebert, op. cit., p. cit.

para o dos atos de abuso de direito, do exercício inadmissível de pretensão[214] com a incidência não mais dos princípios que comandam a impossibilidade ou insolvência, mas dos que norteiam a boa-fé, notadamente o §242.

Direito brasileiro

Tem colaborado na desatenção do problema da base do negócio jurídico entre nós, apesar da inflação progressiva em que vivemos, em primeiro lugar, a proposição negativa, expressa no art. 90 *(140)*, que tem levado os juristas e mesmo os tribunais a se recusarem a enfrentar, diretamente, o problema, preferindo estes últimos, quando possível, uma solução pretoriana com modificação do pressuposto de fato ou mesmo com base na faculdade de aferir a prova que possuem. Certamente, há casos em que não comportam sequer dúvidas, pois estão legislados, como dívidas alimentares no direito de família,[215] mas destas não estamos cogitando. No direito das obrigações, tem-se manifestado a tendência de abranger no conceito de prejuízos em razão da mora (art. 956 *[395]* do Código Civil) a desvalorização da moeda.[216]

---

[214] Larenz, *Schuldrecht*, p. 388.
[215] Aí se cuida mais propriamente da cláusula *rebus sic stantibus*, isto é, da circunstância de considerar-se imanente ao contrato a relação econômica que ele encontra ao inserir-se como *lex privata* no campo social. A doutrina da cláusula *rebus sic stantibus*, como tal, está completamente abandonada. Mesmo a teoria da base do negócio jurídico, com a amplitude que lhe dá Larenz, Esser, Danckelmann e, sobretudo, Oertmann, que lhes antecedeu, e em virtude de cuja influência a jurisprudência passou a superar o tratamento da espécie como impossibilidade econômica, com ela não se confunde. Todavia, separar a teoria subjetiva da base do negócio jurídico da valorização do motivo, não é tarefa fácil, pelo menos em nosso direito, que exige, para afetar a eficácia do ato jurídico, via de regra, a aposição de condição. Se o art. 90 *(140)* do Código Civil não exigisse para relevância do motivo a sua expressa menção como razão determinante ou condição do ato, talvez fosse possível admitir a teoria da base subjetiva do negócio jurídico. Em face do nosso código, tudo o que não for condição, ou causa (causa típica), será motivo e, salvo se preencher os requisitos do aludido art. 90 *(140)*, nenhuma relevância terá sobre a eficácia do ato. Fica, portanto, à margem do direito. É preciso salientar que essa digressão se refere somente à teoria da base subjetiva do negócio jurídico e não à da base objetiva, notadamente ao princípio da equivalência. Note-se que este último termo não é meramente econômico.
Certo, ele também em certa medida o é. Constitui, porém, sobretudo, problema de categoria jurídica, de desfazimento, por esvaziar-se a sua base de seu enquadramento, objeto também das volições dos partícipes e, talvez, o objeto principal.
[216] Miranda, *Tratado*, v. 39, p. 338. É interessante verificar que, segundo Bártolo, já se fazia distinção a respeito. Se a moeda era *minuta*, suscetível de deterioração, ficava essa desvalorização como ônus ao credor. Se se tratasse de *moneta grossa*, de difícil desvalorização, e apesar disso, ocorresse a eventualidade, considerava-se, desde que em mora o devedor, *damnum*. A moeda *minuta* era o *Denar*, o *Solidus* e a *Libra*. E *moneta grossa*, utilizada nos negócios vultosos, eram os *Ducati*, *Florini* e *Scuta* (Lange, *Schadensersatz*, p. 43, nota 58).

A teoria da base do negócio jurídico, tal como está formulada, abrange dois aspectos: o subjetivo e o objetivo. Sob o aspecto subjetivo, de expectativa ou previsão comum de ambas as partes, inegavelmente encontra obstáculo na determinação do art. 90 *(140)* do Código Civil. No sentido de base objetiva do negócio (isto é, de que o negócio jurídico, segundo o conceito imanente da justiça comutativa, supõe a coexistência de uma série de circunstâncias econômicas, sem as quais ele se descaracteriza), sem dúvida alguma vige e é utilizável em nosso direito. Nesse sentido, escreve Siebert, desaparece a base do negócio jurídico, quando a relação de equiponderância entre prestação e contraprestação se deteriora em tão grande medida, que de modo compreensível não se pode mais falar de "contraprestação" (teoria da equivalência).[217] Em razão da falta de equivalência pode a parte lesada exigir aumento compatível da contraprestação. Se houver recusa, poderá resolver o contrato ou denunciar a prestação duradoura já iniciada.[218] É preciso salientar que não obsta o exercício da pretensão a possibilidade de ser o devedor levado à ruína. Aqui, não se cuida de saber se a pretensão poderia ser obstaculizada em virtude de resultar de seu exercício a "morte econômica" do devedor. Essas objeções, de nenhum modo, podem impedir o exercício de uma pretensão. Os motivos que aí poderiam ocorrer seriam metajurídicos, ditados, talvez, em razão de um sentimento de piedade, e de nenhuma influência. Aí, poder-se-ia falar de um *aequitas bursalis*. O princípio é o de que o devedor responde com o bem determinado (*proecise agere*) ou com seu patrimônio, e, por esse motivo, existe o concurso de credores.[219]

Por fim, para que se possa argüir o princípio da equivalência anteriormente aludida, em se tratando de perda da base objetiva do negócio, é preciso que não se trate de contrato aleatório, de especulação, ou daqueles em que o risco é imanente à empresa.[220]

O art. 868 do Código Civil e o princípio da equivalência

O art. 868 (237) do nosso Código Civil exprime a seguinte regra: "Até à tradição, pertence ao devedor a coisa, com os seus melhoramentos e acrescidos,

---

[217] Siebert, *Treu und Glauben*, p. 76.
[218] Siebert, op. cit., p. cit.
[219] Siebert, op. cit., p. cit.
[220] Siebert, op. cit., p. cit.

pelos quais poderá exigir aumento no preço. Se o credor não anuir, poderá o devedor resolver a obrigação". Eis aí, de modo expresso, o princípio da equivalência. Não se trata, é certo, do rompimento do sinalagma, pela diminuição da contraprestação até um limite que somente por eufemismo é que assim a poderíamos denominar. Mas cuida-se ineludivelmente de uma regra dimanante do princípio da justiça comutativa. Se houver, portanto, melhoramento ou acréscimo, confere-se ao devedor da prestação a pretensão inacionável de poder exigir aumento de preço. Essa pretensão de direito material é inacionável, porque da recusa do devedor não se seguirá a possibilidade de demandar ao adimplemento para haver coativamente, processualmente, a diferença do preço. Se o devedor não anuir, afirma-se no referido artigo, poderá o devedor utilizar-se do direito formativo extintivo de resolver. Verifica-se que a solução, preconizada nesse artigo, é, em tudo, igual à da teoria da equivalência.[221] Na espécie que estamos examinando, olhando pelo lado do credor da coisa, conclui-se que ele tem pretensão acionável, para exigir a entrega do bem. Mas, em virtude do art. 868 (237), poderá o devedor da coisa argüir em *exceptio* a sua pretensão de direito material, pelo aumento do preço correspondente ao melhoramento ou acréscimo, obstaculizando, assim, o exercício do credor.

Teoria dos riscos

Em primeiro lugar, para verificar quem suporta os riscos, é preciso distinguir os contratos unilaterais dos bilaterais e, em se tratando de obrigação de dar, dimanante de contrato bilateral, aquela suscetível de ser transferida através da tradição (bens, cousas) e a que dela não necessita, como transferência de direitos não relacionados diretamente com a propriedade ou posse. A análise que vamos iniciar endereça-se à impossibilidade superveniente e cuida-se de saber quem suporta os riscos. Em se tratando de obrigação de dar coisas que se adquirem por tradição, dois tratamentos devem ser evitados: primeiro, o de considerar apenas a relação de direito real subjacente (direito de propriedade sobre o bem), pois nessa hipótese a coisa sempre se perderá para o dono (*res perit domino*); segundo, o de considerar estritamente a relação de direito obrigacional, desvinculando completamente a prestação do seu objeto (*periculum obligationis* em sentido estrito). Mas é preciso verificar qual o efeito do desapa-

---

[221] Vd. nota 105.

recimento do bem sobre a relação obrigacional, qual a repercussão no direito material, no direito, pretensão e ação.

Riscos nos contratos bilaterais

Em se tratando de contratos bilaterais, o risco corre por conta do devedor da prestação. No que toca, porém, à transferência de propriedade de coisas móveis, o risco só se transfere do vendedor ao adquirente com a tradição.

No que se refere à compra e venda, o art. 1.127 (492) do Código Civil menciona as seguintes regras: "Até o momento da tradição, os riscos da coisa correm por conta do vendedor, e os do preço por conta do comprador. §1º. Todavia, os casos fortuitos, ocorrentes no ato de contar, marcar, ou assinalar coisas, que comumente se recebem, contando, pesando, medindo ou assinalando, e que já tiverem sido postas à disposição do comprador, correrão por conta deste. §2º. Correrão também por conta do comprador os riscos das referidas coisas, se estiver em mora de as receber, quando postas à sua disposição no tempo, lugar e pelo modo ajustados".

Nos casos de transmissão de propriedade, de modo geral, o *periculum rei* coincide com o *periculum obligationis*, pelo menos, nas coisas móveis, porque a tradição e a aquisição de propriedade andam de parelha. Vigorando o princípio de que o perigo corre contra o proprietário, fará com que ele não possa exigir a sua pretensão contra o *alter* e tenha, inclusive, que devolver aquilo que já tiver recebido, quando o perecimento do objeto correr anteriormente à transmissão do domínio. Argúi-se como exceção ao princípio da coincidência *periculum rei* = *periculum obligationis*, nos contratos bilaterais, a venda sob reserva de domínio.[222] O art. 1.127 (492), em seu *caput*, fixa a regra da coincidência. Mas, seu §1º menciona uma exceção, subordinando-se, entretanto, ao requisito inafastável de que a mercadoria (cuida-se aí de coisas genéricas) já tenha sido posta à disposição do comprador. O Código Civil construiu tanto o §1º quanto o §2º do art. 1.127 (492), como exceção à regra da tradição como requisito da transferência de risco. Todavia, na hipótese do §1º, pondere-se que se trata de caso fortuito ocorrente no ato de pesar, medir etc., em ocasião, pode-se talvez dizer, em que se está transferindo a posse, a propriedade. É certo, também, que as mercadorias que se recebem pesando, examinando, *a contento*, dependem,

---

[222] Vd. Staudinger–Ostler, *Kommentar*, II, 2, p. 183.

para a eficácia do negócio jurídico de que promanará a obrigação, do resultado desse mesmo exame, de que se poderia deduzir que, enquanto se realiza o ato, mesmo depois de postas as aludidas mercadorias à disposição do credor (depositadas sobre o seu poder fático ou cedidas a pretensão à entrega), nem assim é ele ainda proprietário.

O §2º do mesmo artigo é exceção à regra da coincidência. Em virtude da mora, opera-se a transferência do risco sem que tenha havido a tradição.[223]

Mesmo que o bem venha desaparecer, por motivo de caso fortuito, poderá o vendedor exigir o preço. Conforme se verifica, nem sempre o desaparecimento da coisa extingue o vínculo obrigacional. No direito romano e reinícola, a regra era de que *periculum est emptori*. Ao contrário do direito brasileiro atual, ainda que a coisa perecesse em razão de caso fortuito, estando a mesma em poder do vendedor, poderia este último exigir do comprador o preço.

No direito brasileiro, como vimos aludindo, vige o princípio, nos contratos, de que o risco se transfere com a tradição e transcrição. O Código Civil, em inumeráveis artigos, menciona sempre o princípio da tradição, porque este é o meio comum da aquisição da propriedade mobiliária. De qualquer modo, portanto, quanto a coisas móveis, o perigo transfere-se com a tradição. No que respeita aos imóveis, nosso código não tem princípio expresso similar ao §446, II, do BGB, em que se determina que o perigo se transfira com a transcrição.

Mas mesmo lá se admite que o risco se transfira ou com a tradição ou com a transcrição, sendo decisivo saber qual desses dois atos ocorreu primeiro.[224] Portanto, em se tratando de imóveis, no direito brasileiro, o risco transferir-se-á através da tradição, se esta houver ocorrido primeiro, ou da transcrição, se este último ato anteceder. Mas é preciso ver se o devedor adimpliu toda sua obrigação.

Se ele se mantiver na propriedade, obstando o comprador de adquirir a posse imediata, forçando-o a lançar mão de imissão de posse, o perigo corre ainda, *in medio tempore*, contra o devedor, pois ainda está em mora pela não entrega da posse imediata, quando exigida.[225]

Entre os autores que têm versado o problema dos riscos nos contratos, passou despercebido o art. 1.092 (476), que expressa a seguinte regra: "Nos contratos bilaterais, nenhum dos contraentes, antes de cumprida a sua obriga-

---

[223] Código Civil, art. 957 (399).
[224] Planck, *Kommentar*, v. II, p. 349.
[225] Código Civil, art. 957 (399), *in limine*.

ção, pode exigir o implemento da do outro". Qual, porém, a importância desse princípio relativamente ao risco nos atos bilaterais? Essa regra caracteriza o sinalagma funcional, isto é, a vinculação correspectiva das prestações. Dela pode-se induzir o princípio geral, em se tratando de contratos, princípio esse intimamente ligado com o adimplemento. Via de regra, não sofre o risco aquele que adimpliu, pois que então se transfere o *periculum rei* ao *alter*. Se *A* transfere a *B* um automóvel e este já na posse de *B* vier a incendiar-se e destruir-se, esse evento não afetará a pretensão de *A*. Aqui se cuida de adimplemento, em regra, total, e não meramente parcial. Esse princípio dessume-se, no direito germânico, da regra do §323, I. Por esse motivo, o §446 daquele código, com redação praticamente igual à do art. 1.127 (492) do nosso código, é considerado exceção à regra.[226] E exceção, porque nem sempre com a tradição se adimpliu totalmente. Pense-se nas vendas sob reserva de domínio, em que, além de transmitir a posse (o que ocorre com a tradição), é preciso prestar o domínio que somente sucederá com o pagamento final do preço.[227] A vontade de adimplir, co-declarada na compra e venda, está condicionada e, portanto, ineficaz. Mas, mesmo aí, já se transferiu a posse e é o suficiente para que se transfira o risco ao comprador.[228] Hipótese diversa é a da compra e venda meramente a prazo, porque, com a entrega (tradição), o vendedor adimpliu toda a sua obrigação principal. Tanto numa quanto noutra hipótese, se a coisa vier a perecer, o risco corre por conta do comprador. Isso significa que ele não se liberará de pagar o preço. Se a hipótese for meramente deterioração e não se houver ainda efetivado a tradição, terá o credor direito formativo de resolver ou aceitar a coisa, abatida de seu preço o valor que perdeu (art. 866 [235]), como já nos referimos.

O risco nas obrigações unilaterais

O princípio nas obrigações unilaterais é de que o risco corre para o credor.[229] Assim é porque, embora o devedor fique sem a propriedade do bem destruído, ainda que este deixe de integrar o seu patrimônio como direito real (*periculum rei* em sentido estrito), supondo-se uma relação de direito material alienante-proprietário (ou legitimado)-adquirente, quem perde a pretensão

---

[226] Palandt–Gramm, *Kommentar*, p. 392.
[227] Staudinger–Ostler, *Kommentar*, II, 2, p. 184; Palandt–Gramm, *Kommentar*, p. cit.
[228] Titze, *Recht der Schuldverhältnisse*, p. 153, nota 3.
[229] Gomes, *Obrigações*, p. 212.

(direito material), em decorrência do desaparecimento do bem, é o credor. Note-se que estamos tratando de hipótese de impossibilidade ou de insolvência posterior, sem culpa do devedor. Se se tratasse de insolvência inicial, como quem prometeu doar coisa que ainda não lhe pertence ou quem vendeu coisa de que não é proprietário, o devedor assumiria o risco de efetivar a prestação, prestando perdas e danos tanto nas hipóteses de atos unilaterais quanto bilaterais.

Mas, retornando à impossibilidade superveniente nos atos unilaterais, pode-se desde já esclarecer que sofre o credor, porque o devedor não perde nenhuma pretensão contra o credor, já que não a possui. Assim, indiscutivelmente, perde o credor, do ponto de vista de direito material, da repercussão do perecimento do bem, objeto da prestação, sobre a relação jurídica.

Capítulo III

Desenvolvimento do vínculo obrigacional

Examinamos, nos capítulos precedentes, os princípios (I) e a obrigação como processo (II), fontes e intensidade do processo obrigacional, sob o ponto de vista da finalidade, visualizando-os como algo dinâmico, que se realiza em dimensão própria. Por vezes, o nascimento e o adimplemento ocorrem num ato único, impedindo que se possa perceber, com olhos de leigo, também nessa hipótese, a obrigação como processo, algo que nitidamente se separa no mundo obrigacional em dois momentos distintos, sendo que, em se tratando de obrigação que se destina à transferência de direito de propriedade, o ato que adimple se situa na dimensão dos direitos reais. O mundo obrigacional, pelo sistema a que se filia implícita ou explicitamente a maioria dos códigos, e que se fundamenta na dogmática romana, tende aí, de modo perceptível, para o direito das coisas, guardando, porém, separação – separação essa que o senso genial dos juristas clássicos já havia pressentido.[230]

Algumas vezes, o objeto mesmo da prestação pode ainda não existir, como na *emptio rei speratae*. Na maioria dos casos, contudo, o desenvolvimento do vínculo far-se-á imediatamente, ou dependerá de concretização, na hipótese de coisa genérica, ou concentração nas alternativas, ou ainda facultar-se-á substituir

---

[230] A respeito da relação funcional entre o direito das obrigações e o direito das coisas, vd. Isele, Fünfzig Jahre BGB, *Archiv f. die civ. Praxis*, v. 150, p. 1 e segs. O sistema do nosso Código Civil, entretanto, foi elaborado com a precedência do direito das coisas ao direito das obrigações, obedecendo à sistemática do direito comum. Essa precedência tem, possivelmente, sua justificação na circunstância de que no *album* do pretor o título *De his quae cuiusque in bonis sunt* (§§60-90), segundo Lenel, antecede ao título *De rebus creditis* (§§95-100). Cf. Peter, *Actio und Writ*, p. 97, nota 86; vd. também Titze, *Recht der Schuldverhältnisse*, p. 10.

o objeto da prestação (*facultas alternativa*). Restará ainda um tipo particular de obrigação, as duradouras, as quais, apesar de adimplidas, sempre se renovam, para ser de novo satisfeitas, até que o vencimento do prazo, ou a denúncia e a conseqüente resilição as extingam.

No presente capítulo, serão examinadas as obrigações em espécie, vale dizer, o desenvolvimento de cada uma delas para o adimplemento. Versaremos, em primeiro lugar, as de dar e restituir; depois, sucessivamente, as de fazer e não fazer, as genéricas, as alternativas e as com *facultas alternativa* e as duradouras, visualizando-as sempre como processo.

Obrigações de dar e de restituir

O desenvolvimento da obrigação de dar apresenta semelhança com a de restituir. Apenas, via de regra, na de restituir devolve-se a posse da coisa, enquanto na obrigação de dar não se manifesta esse aspecto.

O desenvolvimento da obrigação de dar que se destine à transferência de propriedade já foi objeto de explanação, quando se examinou o princípio da separação de planos.

Há, todavia, certos aspectos ainda não apreciados que se endereçam à verificação da existência de traços de direito real ainda na fase de desenvolvimento do vínculo.

A obrigação de dar como processo

É de grande importância dogmática o exame do desenvolvimento da obrigação de dar, principalmente quando o seu adimplemento implique a transmissão de propriedade ou posse. Já fizemos menção de que o processo da obrigação de dar é mais perceptível quando se cuida de dívidas genéricas ou alternativas, o qual pode ser observado através das atividades levadas a efeito no mundo social, a que correspondem fases e conceitos no mundo jurídico. O destino que preside ao desenvolvimento da obrigação é o fim jurídico que a comanda e a orienta, e, por esse motivo, afirma-se que ela se dirige ao adimplemento para, por meio deste, satisfazer o interesse do credor.

Na obrigação de dar que colime o efeito de transferir direito de propriedade ou posse, suscita-se a indagação de que em certo tipo de crédito, ainda no plano do desenvolvimento do vínculo, se manifestem traços característicos de direito real.[231] É o problema da "realidade" – *Verdinglichung* – de certas relações de crédito.

A questão em maior evidência atualmente é a do pré-contrato de venda do imóvel registrado.[232] Mas, por dizer respeito à obrigação de fazer, a matéria será examinada em seu lugar próprio.

Nas obrigações de dar propriamente ditas, o problema surge naquelas hipóteses em que uma das fases consiste em transferir a posse, ou em que se admita o registro no albo imobiliário. A doutrina, entre nós, desde Philadelpho Azevedo,[233] tem entendido que a cláusula de vigência da locação de coisa locada, uma vez registrada, constituiria um verdadeiro ônus real que acompanharia o imóvel, indo além da doutrina em voga na França, Itália e Alemanha. Soriano de Souza Neto, ao examinar o alcance e a natureza do art. 1.197 (576) do nosso Código Civil, em sua parte final, em que prevê a possibilidade da vigência da locação em face do adquirente da coisa locada, desde que registrada, concluiu que não se poderia negar ao locatário a natureza jurídica real de seu direito.[234]

No direito germânico, com o qual procuramos comparar as soluções que derivam de nosso Código Civil, em razão da mútua semelhança estrutural, surgiu muita dúvida a respeito, a começar por Cosack, Loening, Krueckmann e Raap, que sustentavam a natureza real dos contratos de arrendamento e locação de imóveis, independentemente do registro. A conclusão a que chegaram tinha por base a circunstância de que a transferência da posse de modo duradouro conferia novo contorno à figura que, de puramente pessoal, passava a revelar traços específicos dos direitos reais. A característica que de modo geral apontavam fluía, em última análise, da proteção possessória de que era beneficiário o locatário ou arrendatário. Kuehne, por exemplo, apesar de admitir e dar ênfase à dicotomia entre direitos reais e pessoais, chegou a afirmar que o *numerus clausus* dos direitos reais não tinha vigência em se tratando de coisas móveis, enquanto o catálogo de direitos reais, em matéria imobiliária, deveria ser enriquecido com alguns novos exemplares: "o desenvolvimento que colima

---

[231] Dulckeit, *Verdinglichung*, p. 10.
[232] A matéria está regulada no Decreto-lei nº 58, de 10 de dezembro de 1937; Lei nº 649, de 11 de março de 1949; Lei nº 6.015/73, art. 167, n. 9.
[233] *Rev. Jurídica*, v. 14, p. 233 e segs.; *Registros Públicos*, 1929, p. 91-97. Cf. Soriano de Souza Neto, *Pareceres*, 1943, p. 61.
[234] *Pareceres*, p. cit.

na transformação da proteção possessória em direito real, reproduz-se, nessa parte e em ponto menor, ainda uma vez".[235]

Essa concepção, à evidência, não estava adequada ao sistema que o BGB inaugurava, embora fosse justificável por motivos históricos. É que, como se aludiu, no direito germânico, antes ainda da recepção do direito romano, vigorou o princípio da livre formação dos direitos reais, bastando que um contrato se relacionasse com a *Gewere* para havê-lo como direito real.

Sendo a obrigação um processo que se dirige ao adimplemento, resolve-se, sem dificuldade, o problema.

A transferência da posse, em verdade, constitui adimplemento do contrato de locação, o qual, por ser duradouro, exige que o cumprimento se prolongue no tempo. A proteção possessória, manifestamente, não diz respeito ao desenvolvimento da relação obrigacional, mas ao seu adimplemento, com o qual se transfere a posse e, conseqüentemente, as garantias processuais que com ela se relacionam.

A posse, porém, tem título; está vinculada ao contrato de locação e não é algo de autônomo.

A doutrina tem acentuado, modernamente, que todos os contratos são consensuais e, no que se refere ao contrato de locação, tem, por igual, admitido que os direitos do locatário nascem antes ainda da entrega da *res debita*. Mas a proteção possessória somente será facultada ao locatário depois de haver tomado posse. Com a entrega da posse, já se está na fase do adimplemento, isto é, não mais no plano da "construção" da obrigação, mas no de sua extinção.

A proteção possessória é, como se percebe, efeito comum e necessário do adimplemento do contrato. A relação de dívida, enquanto no plano de seu desenvolvimento, não revela traços de direito real. Seria levar demasiadamente longe o raciocínio se se quisesse admitir, na hipótese, a existência, ainda que larvada, de um novo *ius in re*.

Execução da obrigação de dar

A obrigação de dar pode ser diretamente executada, principalmente quando consistir na transferência de propriedade. Discutiu-se no direito brasileiro

---

[235] Kühne, quando alude a que o *numerus clausus* de direitos reais não vige, em se tratando de coisas móveis, tem presente a venda sob reserva de domínio, que, segundo ele, confere uma segurança ou garantia de direito real, não só a favor do vendedor, como também do comprador – in: Versprechen und Gegenstand, *Archiv f. die civ. Praxis*, v. 140, p. 61 e segs.

se, na hipótese de não querer o devedor cumprir o prometido, caberia ação de adimplemento, ou se somente seria possível pedir perdas e danos.

Nosso código não mencionou explicitamente se caberia, ou não, ação de adimplemento específico (*proecise agere*). Já tivemos oportunidade de dizer que, desde Martino, se tem admitido a ação direta de adimplemento. Não são todos os sistemas jurídicos que consagram essa possibilidade. No direito inglês, por exemplo, só excepcionalmente é que se pode exigir a *specific performance*, e, por isso, afirma-se que a inexecução da obrigação naquele sistema tem o caráter delitual,[236] considerando-se *breach of contract*, inclusive, os casos fortuitos que correm por conta do devedor, salvo cláusula exoneratória expressa, uma vez que não conhecem o princípio da culpa como fundamento da responsabilidade.[237] Agostinho Alvim sustentou, sob o império do anterior Código de Processo Civil, que cabia ação de imissão de posse em se tratando de imóvel já registrado.[238] Mas aí o novo proprietário não estará postulando com base num direito obrigacional, e sim em razão da propriedade que adquiriu pela transcrição. A ação de direito das obrigações nunca poderá ser ação emergente de ato que se situa no plano dos direitos reais, pois isso viria ferir o princípio da separação relativa com o sentido que lhe atribuímos. A ação é a ordinária de adimplemento. Com a execução, far-se-á a penhora do bem, desde que ele se encontre no patrimônio do vendedor (Busca e apreensão de bem móvel – ver art. 993 do Código Civil). Não se cuida de ação de direito real como a reivindicação que se dirige contra quem quer que o possua injustamente.

Daí também não se deduza que a compra e venda é negócio obrigacional e real. No direito germânico, a solução é a mesma. Nessa hipótese, cabe ação de prestação, ou de adimplemento (*Leistungs-*; *Erfüllungsklage*), podendo garantir-se o comprador contra uma possível transferência do bem pelo vendedor, *in medio tempore*, através da pré-notação (*Vormerkung*).[239] A demora da solução da ação de adimplemento – que torna ilusória, muitas vezes, a prestação jurisdicional em países como o nosso, de inflação progressiva – fez talvez com que Agostinho Alvim generalizasse, no curso da exposição, aquele seu ponto de vista, de modo que se abrangesse a transferência de móveis, inclinando-se pelo cabimento da referida ação de imissão de posse também quando se tratasse de contratos meramente geradores de obrigação, em virtude de possuir, no anterior

---

[236] Mitteis, *Das deutsche Privatrecht*, p. 121.
[237] Larenz, *Geschäftsgrundlage und Vertragserfüllung*, 1957, p. 69.
[238] *Da compra e venda e da troca*, 1961, p. 37 e segs.
[239] Esser, *Schuldrecht*, p. 97; Larenz, *Lehrbuch*, v. I, p. 13.

Código de Processo Civil, procedimento especial capaz de resolver rapidamente o conflito de interesses. Em virtude do mencionado princípio da separação de planos, não podemos seguir seu pensamento, desenvolvido de certa forma em sentido semelhante ao de Martino, o qual admitia a possibilidade de ação de adimplemento, extraindo da *rei vindicatio* argumento analógico.

Ação de adimplemento existe enquanto não se presta o devido ou enquanto não se tornou impossível prestar.[240]

É preciso, no entanto, atentar que, quando se presta com defeito – por exemplo, com vício redibitório –, a ação que compete não é a de prestação, porque esta já se efetivou, mas a referente ao "defeito" da coisa, no caso, a de redibição; adimpliu-se mal, mas realizou-se o cumprimento.[241] Hipótese diversa é aquela em que A encomenda um quadro de B; este, porém, envia-lhe uma reprodução. Faltou, nesse exemplo, a identidade da prestação com a obrigação.[242] A ação que cabe é a de adimplemento para haver a prestação devida. O credor não está obrigado a aceitar: se tal ocorrer, porém, terá havido dação em pagamento.

Se vendedor e comprador estiverem na pressuposição de que o quadro era original, tendo-o recebido e conservado o credor, não poderá utilizar-se da

---

[240] Esser, *Schuldrecht*, p. 97.
[241] Esser, *Schuldrecht*, p. cit. No que respeita à venda *ad mensuram*, o direito brasileiro possui solução diversa da do direito alemão, §468 do BGB, que constrói a hipótese como redibição. Mas, sem razão, vd. Agostinho Alvim, *Da compra e venda e da troca*, p. 95. A construção há de ser feita pelo adimplemento incompleto, que se configura aqui pela diferença, para menos, de metragem, que possibilita pedido de complemento da área, redução proporcional de preço ou resolução de contrato, nos termos do art. 1.136 (500) do Código Civil. Note-se, entretanto, que a pretensão primária é a de complemento da área, e somente não sendo esta possível é que se poderá utilizar das outras duas faculdades. Cuida-se aí da venda *ad mensuram* (vd. também o parágrafo único do art. 1.136 [500]). É preciso que a diferença para menos ultrapasse 1/20 da extensão total enunciada. A ação, para realizar a pretensão primária de complemento da área, é de adimplemento – portanto, obrigacional. Por conferir-se essa possibilidade, não se pense que o contrato de compra e venda seja obrigacional e real, pois, como já aludimos diversas vezes, a possibilidade de exigir o adimplemento, ou mesmo o que falta para que o adimplemento seja satisfatório (art. 1.136 [500]), é meramente obrigacional. Nem sempre é fácil distinguir uma venda *ad-corpus* de uma *ad mensuram*. Já decidiu o Supremo Tribunal Federal que a diferença de área maior de um vigésimo não constitui uma presunção *iuris et de iure* de ter sido a venda do imóvel *ad mensuram*. "A expressão 'mais ou menos' revela que a indicação do número de alqueires é apenas enunciativa" (*Rev. dos Tribunais*, v. 140, p. 715). Se a quantidade não serviu de base para fixação de preço; se a coisa vendida constitui um corpo certo; se as referências às dimensões são puramente acidental, a venda é *ad-corpus*, mesmo que a falta verificada ultrapasse de um vigésimo (*Rev. Forense*, v. 100, p. 35; ac. STF, rel. min. Luiz Gallotti, DJ 28.11.1955, p. 4.168).
[242] Esser, *Schuldrecht*, p. cit.

ação de adimplemento, pois este se considera perfeito com a entrega (e poderia ter havido dação em pagamento), mas deverá propor uma ação de anulação com base em erro (*error in substancia*).[243]

Se, finalmente, o vendedor, ciente de que o quadro era mera reprodução, não obstante isso, tiver convencido o comprador a recebê-lo como se fora original, a ação que cabe é a de anulação em razão de dolo.

Impossibilidade superveniente

O Código Civil brasileiro, em seu art. 865 *(234)*, formula a regra de que, se "a coisa se perder, sem culpa do devedor, antes da tradição, ou pendente a condição suspensiva, fica resolvida a obrigação para ambas as partes. Se a perda resultar de culpa do devedor, responderá este pelo equivalente, mais as perdas e danos". A resolução aqui não se opera pelo eventual exercício do direito formativo que porventura coubesse a um ou ao outro partícipe do vínculo, pois ela ocorre *ex vi legis*.

Não se cuida de exercer direito formativo, de cujo exercício resultasse o desfazimento do negócio jurídico. Daí, resulta que o direito de receber o que se deu para a compra de determinado objeto, que se incendiou e se destruiu em virtude de fato inimputável ao devedor, decorre da imediata incidência do art. 865 *(234)*, sem estar vinculado assim a qualquer ato resolutório.[244] Hipótese diversa é a prevista no art. 866 *(235)*, com a seguinte redação: "Deteriorada a coisa, não sendo o devedor culpado, poderá o credor resolver a obrigação, ou aceitar a coisa, abatido ao seu preço o valor que perdeu". Aí, realmente, a resolução não se opera *ex vi legis* ("poderá o credor resolver a obrigação"), constituindo-se em resultado de exercício de direito formativo extintivo de resolver. Na primeira hipótese (art. 865 [*234*]), cuida-se de impossibilidade (total ou relativa) superveniente. Se a impossibilidade ou insolvência ocorrer em virtude de fato não imputável ao devedor, cabendo-lhe a prova, resolvido estará o negócio jurídico. Não cabe direito formativo ao credor, porque este não mais pode ter interesse na prestação primária ou principal, dirigindo-se a sua pretensão, na hipótese de culpa do devedor, somente ao equivalente, mais perdas e danos. O negócio jurídico ficou sem objeto. O que o credor possui é a pretensão de reaver o que entregou ao devedor. Essa pretensão na hipótese do

---

[243] Esser, *Schuldrecht*, p. cit.
[244] Contrariamente, Pontes de Miranda, *Tratado*, v. 22, p. 87.

art. 865 (234) não nasce do exercício de direito formativo, mas da incidência da própria lei. É que, com a impossibilidade, o negócio jurídico ficou sem objeto.

Nessas condições, o credor não tem direito de resolver aquilo que já não existe, mas, apenas, pretensão para receber o que já tiver prestado. Hipótese diversa e inconfundível é a do art. 866 (235). Ali o negócio jurídico não perdeu o objeto. A coisa certa se deteriorou, talvez por descumprimento de algum dever anexo, mas ela ainda guarda sua identidade, de modo que a resolução não ocorre *ex vi legis*, pois se faz necessário o exercício de direito formativo, pré-requisito ao da pretensão de reaver. Se houver culpa, determina o art. 867 (236) que o credor poderá "exigir o equivalente, ou aceitar a coisa no estado em que se acha, com direito a reclamar, em um ou em outro caso, indenização das perdas e danos".

Obrigação de restituir

Entre as obrigações de dar coisas, conumera-se a de restituir. Em razão de diferençar-se da simples obrigação de dar, porque o que se dá, nessa hipótese, é de propriedade do credor, distinguiu-as nosso Código Civil de maneira mais analítica, nessa parte, do que o código germânico. A distinção impõe-se, porque o tratamento das obrigações de restituir está sob o comando de regras diversas, em certos aspectos, das de dar. De modo geral, trata-se de restituir a posse, e não a propriedade. Em alguns casos referentes a bens fungíveis e consumíveis, a restituição, porém, por não se operar no *idem corpus*, mas no *tantundem*, no equivalente, torna-se idêntica à obrigação de dar. É o problema do dinheiro, de coisa móvel e consumível, por excelência, que pode, por vezes, alterar o tratamento jurídico.

Obrigação de restituir e impossibilidade

Pode ocorrer que haja obstáculo insuperável no desenvolvimento do *processus* da relação obrigacional, de modo que, impossível a prestação, libere-se aquele a quem cabia adimplir. Mencionamos, quando examinamos o risco nas obrigações de dar, que este corria contra o devedor nos contratos, e contra o credor nos atos unilaterais. Em se tratando de obrigação de restituir, o art. 869 (238) do Código Civil formula a regra de que se "esta, sem culpa do devedor, se perder antes da tradição, sofrerá o credor a perda, e a obrigação se resolverá, salvos, porém, a ele os seus direitos até o dia da perda". O credor terá apenas ressalvado seus direitos até o dia da perda. Assim, quando alguém aluga ou arrenda determinado bem e este vem a destruir-se por ato inimputável ao devedor, o inquilino ou arrendatário poderá deixar de pagar o aluguel a partir da data da destruição, sem que o credor, o proprietário ou legitimado que o deu em locação possa exigir o que faltar até o término do contrato, supondo-se que se trate de contrato a termo. Na hipótese de perda ou deterioração parcial, o código alude no art. 871 (240) à regra de que o credor a receberá "tal qual se ache, ... sem direito a indenização". Isso, e o artigo o diz expressamente, desde que não haja culpa do devedor.

Esse artigo, porém, não esgota as hipóteses que podem ocorrer. Faculta-se, é certo, ao devedor, a devolução.

É a devolução a única virtualidade que se confere ao devedor?

Se o risco corre para o credor, deve-se admitir que possa o devedor exigir redução proporcional da locação. Assim, se alguém arrendar fração determinada de campo, que em parte se tornar imprestável, poderá o arrendatário exigir abatimento do aluguel. Apesar do art. 871 (240) não consignar a faculdade referida no art. 866 (235) do Código Civil, que se endereça à obrigação de dar, mesmo assim não vemos não tê-la integrante na própria proposição de que o risco corre contra o credor. Por outro lado, é certo que, no caso de deterioração do bem a ser restituído, a todas as luzes, a entrega somente ocorrerá mediante o exercício do direito formativo extintivo (denúncia). É de notar-se que o risco aí não abrange o direito de propriedade. A diminuição na posse do arrendatário, da qual deve resultar prejuízo econômico àquele que paga o arrendamento, não deve correr por conta deste último, mas do credor, em razão do princípio geral. O aspecto predominante é a base de interesses que a norma protege. Indiscutivelmente, a tônica das disposições legislativas a respeito do risco, perecimento sem culpa, em matéria de obrigação de restituir, é o aspecto protetivo dos interesses do devedor. Daí a disposição matriz do art. 869 (238).[245] Não há, portanto, como distinguir, sob esse ângulo, a impossibilidade total da parcial. No nosso direito, acertadamente, a impossibilidade total distingue-se da parcial no que diz respeito ao tratamento jurídico, no fato de que, na última hipótese, a resolução fica na dependência do exercício do direito formativo extintivo. Confere-se, também, via de regra, a faculdade de nivelar economicamente a contraprestação.

---

[245] Código Civil, art. 514 (1.217); art. 1.190 (567). O art. 1.214, por sua vez, refere-se à esterilidade e ao malogro da colheita por caso fortuito.

Deterioração por culpa do devedor

Na impossibilidade total em razão de culpa, nos termos do art. 870 *(239)*, aplicar-se-á o disposto no art. 865 *(234)*, *in fine* – isto é, "responderá este pelo equivalente, mais as perdas e danos". Na hipótese de impossibilidade parcial (deterioração), aplicam-se as regras do art. 867 *(236)* – isto é, "poderá o credor exigir o equivalente, ou aceitar a coisa no estado em que se acha, com direito a reclamar, em um ou em outro caso, indenização das perdas e danos".

Melhoramentos e acrescidos

Pode ocorrer que no desenvolvimento do processo, no período entre o nascimento da obrigação e o seu adimplemento, haja melhoramento no bem a ser prestado. É preciso distinguir, nesse ponto, duas hipóteses: a) se o aumento ou melhoramento ocorreu sem despesa ou trabalho, o credor receberá o acréscimo sem indenização; cuida-se de melhoria sem trabalho ou despesa, vale dizer, de acréscimo natural, seja em razão do motivo ocasional ou fortuito, da sorte, como se costuma dizer, seja em razão do próprio crescimento vegetal, seja por motivo de qualquer outro fato natural, do qual resulte a aquisição de propriedade, como nas hipóteses de acessão; b) todavia, se para esse melhoramento empregou o devedor trabalho ou dispêndio, vigorará o estatuído nos arts. 516 *(1.219)* a 519 *(1.222)* do Código Civil, que se relacionam com as benfeitorias necessárias, úteis e voluptuárias. Cabe, portanto, ao devedor, a restituição da indenização, bem como direito de retenção, se se tratar de benfeitorias necessárias e úteis.

Obrigações de fazer e de não fazer

Diversamente das obrigações de dar, cujo objeto da prestação é uma coisa ou direitos, algo que já existe, atribuição patrimonial, a obrigação de fazer tem, como objeto da prestação, a própria atividade. É preciso salientar que nem toda declaração de vontade se constitui em objeto da obrigação de fazer. No direito germânico, por exemplo, o acordo de transmissão seria considerado adimplemento de obrigação de dar, se essa divisão tivesse sido recebida no Código de 1900[246] ou na doutrina.[247] Na hipótese de declaração de vontade, a obrigação será

---

[246] *Motive zum Entwurf*, 1896, v. II, p. 5.
[247] Esser, *Schuldrecht*, p. 91: "Diese Einteilung hat nur Schuldcharakter".

de fazer, quando o adimplemento não se constituir imediatamente em atribuição patrimonial. Assim, o pré-contrato, uma vez que não se dirige imediatamente a uma atribuição patrimonial (existe a compra e venda, que ocasiona obrigação de dar), gera obrigação de fazer.

Obrigação de fazer, de modo geral, relaciona-se a trabalho ou a serviço determinado (*opus facere*). Tornou-se corrente a definição de Savigny,[248] por meio de subtração, segundo a qual, quando não se tratasse de obrigação de dar (de transmissão de propriedade ou algo equivalente), se cogitaria da *obligatio faciendi*. A distinção que nosso Código Civil adotou, filiou-se ao direito romano, com as particularidades já mencionadas. Poder-se-ia definir a obrigação de fazer, segundo Kunkel, como toda aquela em que a prestação consistisse numa atividade, inclusive na atividade necessária para que alguém desse algo.[249]

A obrigação de fazer como processo

No processo da obrigação de fazer distinguem-se, também, as fases de nascimento e desenvolvimento e de adimplemento. Como já se salientou, o adimplemento das obrigações de fazer constitui ato-fato. A doutrina, sem discrepância, afirma ser esta a categoria do ato de adimplemento. Não faz muito, pretendia-se que o adimplemento deveria possuir sempre a categoria de negócio jurídico. Procurou-se construir simetricamente a teoria do adimplemento: seriam igualmente negócios jurídicos o adimplemento da obrigação de dar e o da obrigação de fazer. A distinção está, porém, na atualidade estabelecida.

Em alguns casos, entretanto, o cumprimento da obrigação de fazer constitui negócio jurídico. As hipóteses enumeradas sob tal categoria são as de *pactum de contrahendo*. A mais importante delas é o pré-contrato de venda de imóvel, ao abrigo do Decreto-lei nº 58, de 10 de dezembro de 1937, com as modificações decorrentes das Leis nº 649, de 11 de março de 1949, e nº 6.014, de 27 de dezembro de 1973, que deram nova redação ao art. 22. No art. 22, afirma-se que o "compromisso" de compra e venda, desde que inscrito no Registro de Imóveis, outorga direito real oponível a terceiros. A jurisprudência, em inumeráveis arestos, inclinou-se por considerar o pré-contrato inscrito como gerador de um tipo específico de direito real, mas a *quaestio iuris* somente

---
[248] *Das Obligationenrecht*, 1851, I, p. 298.
[249] Kunkel–Jörs, *Römisches Recht*, p. 167.

pode ser resolvida à luz dos princípios que comandam o desenvolvimento das relações obrigacionais.

A dívida que se dirige à feitura de um contrato, que se denomina definitivo, tem sido considerada, tradicionalmente, como obrigação de fazer. Alguns escritores, para fundamentar o ponto de vista de que o pré-contrato gera direito real, tentaram conceituá-lo como categoria autônoma, separada, às completas, do negócio de adimplemento. Essa posição, de artificialismo gritante, não pode ser acolhida. Separar o pré-contrato do contrato definitivo seria impor corte inexistente no desenvolvimento do vínculo obrigacional, desnaturando a declaração de vontade nele inserta e que lhe fixa a categoria jurídica.

A questão não tem sido bem proposta perante a dogmática.

Darcy Bessone, por exemplo, arrima-se à opinião de Coviello para dizer que o pré-contrato é autônomo, acrescentando que essa autonomia não o conduz ao isolamento funcional.[250] Ora, a autonomia existente entre o pré-contrato e o definitivo é a mesma que se manifesta entre a obrigação e sua prestação. O negócio jurídico definitivo é a prestação que satisfaz a obrigação de fazer. Não se pode falar, senão impropriamente, em autonomia. Desde que a doutrina admitiu que o pré-contrato não é mera proposta ou simples atividade para contratar ("tratativa"), a questão não tem relevância. No pré-contrato, os figurantes obrigam-se a emitir declaração de vontade, fazer o negócio jurídico a que ele se refere. Não fora o objetivo do pré-contrato a emissão de vontade e o ato de cumprimento teria a categoria de ato-fato. Uma vez que as partes se obrigaram a contratar, a prestação, o adimplemento, a *solutio*, enfim, constitui negócio jurídico.

Não cabe discutir-se, por igual, a respeito de ser o pré-contrato mais ou menos do que o definitivo. O direito somente cogita de graus quando se trata de eficácia. Os efeitos que dele nascem são obrigações de fazer sujeitas às regras comuns a elas referentes e às decorrentes de legislação específica.

O pré-contrato não tem a qualificação de negócio jurídico de disposição, pois não se situa no plano do direito das coisas.

Embora nitidamente obrigacional, pretendem alguns que a natureza jurídica do pré-contrato, após o registro, se transmude para direito real. É, aliás, o que reza o art. 22 do Decreto-lei nº 58, com a redação que lhe deu a Lei nº 6.014: "Os contratos, sem cláusula de arrependimento, de compromisso de compra e venda e cessão de direitos de imóveis não loteados, cujo preço tenha

---

[250] *Compra e venda*, p. 109.

sido pago no ato de sua constituição ou deva sê-lo em uma ou mais prestações, desde que inscritos a qualquer tempo, atribuem aos compromissários direito real oponível a terceiros, e lhes conferem o direito de adjudicação compulsória nos termos dos arts. 16 desta Lei, 640 e 641 do Código de Processo Civil".

Tanto esse dispositivo quanto o art. 16 têm por finalidade impedir os abusos que decorriam da faculdade conferida pelo art. 1.088 do Código Civil: "Quando o instrumento público for exigido como prova do contrato, qualquer das partes pode arrepender-se, antes de o assinar, ressarcindo à outra as perdas e danos resultantes do arrependimento, sem prejuízo do estatuído nos arts. 1.095 a 1.097".

Em razão do freqüente exercício da faculdade de arrependimento, acarretando a resolução do contrato, houve a necessidade de editar-se legislação proibitiva, consubstanciada no referido Decreto-lei nº 58.

A jurisprudência, ao examinar a natureza jurídica do pré-contrato registrado, inclinou-se por considerá-lo direito real de natureza potestativa, a começar pelo voto do min. Hahnemann Guimarães, do Supremo Tribunal Federal.[251] Afirmou-se mais tarde, entretanto, que esse direito potestativo real não é aquele que o Código Civil confere ao adquirente da propriedade, pois não há, com o simples compromisso, a transferência de domínio nem a constituição de direito ou vínculo real.[252] A matéria foi, aliás, diversas vezes discutida quando se questionou a respeito de estar, ou não, o pré-contrato sujeito ao pagamento de imposto de transmissão "intervivos".

A exata exegese, a nosso ver, está em considerar o pré-contrato como gerador, em princípio, de mera obrigação de fazer. Esta é a obrigação principal definidora da categoria.

Relativamente à eficácia perante terceiros decorrentes do registro, o fenômeno assemelha-se, para não dizer que se identifica, com o que resulta da pré-notação (*Vormerkung*) dos direitos de crédito no direito germânico.

A pré-notação destina-se à segurança do nascimento ou desfazimento de direitos sobre propriedade imóvel, ou que a onerem, permitindo-se inclusive a inscrição de pretensões futuras ou condicionadas.[253]

A natureza do direito, após a inscrição no Registro Imobiliário, tem sido, no direito germânico, também objeto de árduo exame. Assim Seckel e Wolff

---

[251] *Rev. For.*, v. 130, p. 85.
[252] *Rev. For.*, v. 126, p. 104; v. 198, p. 115.
[253] BGB, §883.

têm-no como "direito negativo de senhorio ou propriedade", porque o credor, de nenhum modo, tem direito sobre a coisa, mas "a sua disposição não pode ser prejudicada pelo devedor". Outros vêm no efeito da pré-notação direito expectativo ou à aquisição, ou mesmo direito à coisa (Gierke, Dernburg e Lehmann).[254]

Todavia, a possibilidade de inscrição de pretensões futuras ou mesmo condicionadas parece indicar que do simples registro não pode resultar situação equivalente a direito real.

Em matéria de aquisição derivada de propriedade, há a fase do desenvolvimento do vínculo, cuja proteção não deve significar transformação da própria obrigação em direito real. A eficácia do registro deu nova dimensão ao direito obrigacional, o qual, por vezes, por meio da publicidade, atingirá círculo maior do que as partes e seus herdeiros, ultrapassando o âmbito previsto no art. 928 do Código Civil, que definiu, à época, a extensão da eficácia dos direitos obrigacionais, segundo a doutrina então prevalente.

Os efeitos, em algumas hipóteses, serão semelhantes àqueles dos direitos reais. Mas isso não importará em admitir a natureza real do direito de crédito. A dogmática possui seus princípios, e a qualificação de direito real não pode ser conferida de modo arbitrário pelo legislador. O princípio da separação de planos permite que se possa precisar exatamente se se trata de direito real ou de eficácia superior à comum conferida a determinado direito obrigacional. Do pré-contrato nasce obrigação de fazer, vale dizer que o desenvolvimento se operará na dimensão dos direitos obrigacionais.

Seria difícil, senão impossível, qualificar a espécie de direito real que decorreria da inscrição do pré-contrato. Direito potestativo ou formativo real, evidentemente, não é a hipótese. A possibilidade de exigir a adjudicação compulsória não constitui direito dessa natureza, mas pretensão. Quando se trata de direito formativo, não há prestação, possibilidade de exigir-se certa atividade do devedor. Essa possibilidade, ao contrário, é própria das pretensões.

Além da obrigação de fazer, irradia o pré-contrato a obrigação de dar posse. O credor pré-contratante possui hoje direito à posse do imóvel. Essa obrigação, notoriamente, é de dar. A obrigação principal e que define o contrato, contudo, é a de fazer.

---

[254] Dulckeit, *Die Verdinglichung*, p. 26.

Obrigação de fazer e patrimonialismo

Do descumprimento de obrigação de dar resulta a possibilidade de exigir a execução específica, ou, então, perdas e danos. Em se tratando de obrigação de fazer, nem sempre será possível exigir a condenação *in natura*, em razão do caráter pessoal da prestação. Nosso Código Civil tem solução peculiar para as obrigações de fazer. De momento, interessa a relação entre obrigação de fazer e a repercussão patrimonial. Em outras palavras, importa saber se o aspecto econômico é inerente ao dever, participa de sua definição, ou se é algo a que ele se anexa.

Na Antigüidade, da inexecução dos deveres poderia resultar morte, redução à escravidão ou mesmo esfacelamento do corpo humano.

Argúi-se, porém, que essa possibilidade não pertencia ao conceito de dever, mas ao processo,[255] concluindo-se que, em conseqüência, mesmo no direito romano, o vínculo não se dirigia à pessoa, mas à sua atividade; as regras de execução antes mencionadas, de que poderiam resultar as conseqüências que salientamos, eram de natureza processual ou pelo menos pré-processual.

Estamos tratando do problema do interesse patrimonial no conceito da obrigação, no capítulo relativo às obrigações de fazer, porque definimos as obrigações de dar como aquelas cujo adimplemento constitui uma atribuição. Essa destinação imediata à atribuição já define a circunstância de que a obrigação de dar tem como caráter indisfarçável o aspecto patrimonial. Mas, nas obrigações de fazer, que não se dirigem à atribuição patrimonial, pergunta-se: podem ser consideradas deveres jurídicos, mesmo quando delas não decorra diretamente a sanção de perdas e danos?

Em ligeira perspectiva histórica já se desvela que, muitas vezes, a execução das obrigações – até quando se permite falar assim dos muitos sistemas que não diferençavam o direito civil do processual, nem ambos, pelo menos quanto aos efeitos, do direito penal, nessas nossas divisões e nomenclaturas atuais – se resolvia na transformação de quem devia em escravo, ou mesmo na sua morte. O Estado, todavia, ao instaurar o monopólio da justiça, desfazendo e proibindo a de mão própria, reduziu, processualmente, como se encara, modernamente, aquela pretensão que possuía o credor de executar diretamente a atividade do devedor.

Parece-nos, assim, que a razão está com Pontes de Miranda, quando afirma que a patrimonialidade não é elemento necessário à definição da obrigação.[256]

---

[255] Miranda, *Tratado*, v. 22, p. 22 e segs.

O fato de não se dar ingresso, no plano processual, a certas normas em virtude das quais pudesse ser efetivada a execução coativa de certos deveres, de cujo descumprimento não resultou dano, outro não é senão o decorrente da superação daquele princípio primitivo que permitia justiça privada. Os bens e interesses da vida, de modo geral, podem ser objeto de convenção válida. Muitas vezes, dessas mesmas convenções, podem brotar direitos e deveres que não se dirijam diretamente à transferência de algum bem patrimonial, nem de cuja lesão possam resultar perdas e danos. Segundo a concepção da justiça de mão própria, o devedor poderia ser constrangido a cumpri-los e mesmo sujeitar-se à execução direta. Todavia, o corte operado na pretensão (pela incidência do conceito de pessoa, do princípio da liberdade e do monopólio da justiça pelo Estado) fez com que muitos pensassem que obrigação é só aquela cujo descumprimento ensejará perdas e danos.

A possibilidade de exigir perdas e danos não se inseriria no conceito de responsabilidade, mas no do próprio dever, de modo que se poderia definir o dever jurídico como aquele que, uma vez descumprido, enseja perdas e danos. Curiosamente, porém, muitos desses autores que assim se pronunciam, quando tratam das obrigações naturais, fazem a necessária distinção entre débito (dever) e responsabilidade.

A tônica, todavia, do direito atual consiste em admitir progressivamente a jurisdicização de certos interesses que podem, na hipótese de inadimplemento, não ensejar perdas e danos. De outro lado, exigir sempre caráter econômico, direta ou indiretamente, seria conceber o direito como superestrutura da economia. Ele não se destina, contudo, somente a resolver os conflitos de interesses no campo econômico. Boa parte da aplicação do direito tem-se realizado sobre aquele setor. Nem toda, obviamente, porém, tem esse destino. Ocorre que, lado a lado com o conceito de obrigação, no direito moderno, está também o de pessoa, e a possibilidade de constranger diretamente alguém ao cumprimento fere o princípio que *"nemo ad factum proecise cogi"*.

Algumas obrigações de fazer, entretanto, que não possuem cunho eminentemente pessoal, admitem execução, em nosso direito, por outrem, ou mesmo mediante a função jurisdicional, como tem acontecido com as obrigações de fazer resultantes de pré-contrato. No estudo que fizemos dos deveres anexos, vimos que alguns desses deveres consistem em indicações que devem ser feitas. Muitas vezes, seu descumprimento poderá acarretar o desfazimento da relação

---

[256] *Tratado*, v. 22, p. cit.; vd. Flume, op. cit., p. 83.

principal. Em outras circunstâncias, pode suceder que a mesma omissão não tenha virtude de ocasionar a situação antes referida. O descumprimento em ambas hipóteses ocorreu. Como não resultou efeito processual num deles, não se pode dizer que somente na primeira hipótese houve descumprimento. O conceito do dever não depende do resultado de seu descumprimento. Deveres, também, sem conteúdo patrimonial direto e cujo descumprimento não enseja ou, pelo menos, pode não ensejar conseqüências patrimoniais ou econômicas, encontram-se também nos direitos resultantes de contrato de trabalho. Para certas omissões, pode, quem tem o poder de impô-la, usar da pena de advertência. O dever teria sido descumprido; existiria, portanto. Mas desse descumprimento não resultou nenhum efeito patrimonial. Cuida-se de mera pena corporativa. O mesmo ocorre no direito público, quando se cogita de deveres provenientes da relação de emprego resultante de investidura. Manifestam-se preceitos cujo descumprimento também não se endereça diretamente a algum aspecto patrimonial. Quando se fala em patrimonialismo dos deveres, tem-se sempre diante dos olhos as hipóteses de compra e venda e de obrigações de fazer, cujo descumprimento faculta ao lesado o uso do meio substitutivo da prestação específica. Mas nem todos os deveres supõem relação com a economia, de modo a poder-se afirmar que, dever de que não promana pelo menos perdas e danos, não se constitui em figura jurídica. Certos contratos ditados por interesse artístico ou beneficente são verdadeiros deveres jurídicos de cuja não efetivação não resultam ou podem não resultar efeitos econômicos. Esses interesses são às vezes inestimáveis, mas nem por isso deixam de ser objeto de uma convenção e de transformar-se em verdadeiros deveres jurídicos.[257]

Obrigação de fazer e execução

O art. 878 do Código Civil expressa a regra de que, nesse tipo de obrigação, "o credor não é obrigado a aceitar de terceiro a prestação, quando for convencionado que o devedor a faça pessoalmente". As restrições ao princípio da possibilidade da prestação por terceiro decorrem da pessoalidade da prestação (encomenda de um quadro de um pintor célebre) ou derivam, como estatui o aludido art. 878, de convenção. Fora, portanto, dessa hipótese ou da pessoalidade da prestação, do interesse intrínseco na prática de determinado ato por alguém, possuidor de determinada qualidade que o extrema dos demais,

---

[257] Cf., em parte, Barassi, *Teoria generale*, v. I, p. 58 e segs.

princípio é que a prestação pode ser feita por terceiro. O art. 878 exprime regra geral, podendo parecer, por meio de uma interpretação estrita, que somente na hipótese de haver sido convencionada a prestação pessoal é que o credor poderia recusar a de terceiro. A distinção entre obrigação personalíssima e não personalíssima foi recebida pelo nosso Código Civil, conforme se verifica dos arts. 880 (247), *in fine*, e 928. Mas, mesmo que não o fosse, a solução seria a mesma, porque deriva da "natureza das coisas". Entre as obrigações de fazer, portanto, algumas existem que podem ser satisfeitas por outrem que não o devedor. Por esse motivo, o art. 881 (249) expõe a seguinte regra: "Se o fato puder ser executado por terceiro, será livre ao credor mandá-lo executar à custa do devedor, havendo recusa ou mora deste, ou pedir indenização por perdas e danos". Criou-se através desse artigo, afirma Pontes de Miranda, um caso de justiça por mão própria,[258] com peculiaridades, porque a possibilidade de mandar fazer por outrem é de direito material.

Não havia necessidade de requerer ao juiz, antes do Código de Processo Civil de 1939 (art. 1.000) e do atual (art. 633, parágrafo único), para colher a autorização, como ocorre nos demais códigos. O interessante, entretanto, é que nesses artigos se cuida de modo de execução, ainda que indireta, contra o devedor. Por esse motivo, nasce ao credor insatisfeito com a recusa ou mora do devedor, e satisfeito com o ato praticado pelo *alter* como execução contra o primitivo devedor, o direito de cobrar daquele o que houver pago.

A solução preconizada pelo nosso código, nessa passagem, é uma peculiaridade. Nesse tipo de obrigação, tem o credor contra o devedor certamente a pretensão de exigir o adimplemento.

Essa pretensão é, contudo, somente acionável no que toca à exigência de perdas e danos, conforme faculta a parte final do art. 881 (249). Impede a execução contra o devedor a circunstância de a pretensão dirigir-se contra certa atividade a ser praticada. O ato somente se destaca da pessoa depois de realizado.

Como a realização da pretensão ou, pelo menos, da execução deverá consistir em modificação no mundo das coisas, e como a modificação, nas hipóteses de obrigação de fazer, consistirá na prática de determinada atividade pelo devedor, não possibilitou o direito atual a execução direta, pois a cogência necessária para tanto aluiria o conceito de pessoa e de liberdade.

---

[258] Miranda, *Tratado*, v. 22, p. 77.

Outra hipótese é a execução específica, proveniente de obrigações de fazer, de declarar vontade através de sentença judicial.

A obrigação de fazer ultimamente evoluiu no sentido de admitir execução específica. Houve, nos países que adotaram de modo geral a divisão romanística das obrigações, alguma vacilação a respeito. Hoje, porém, se admite que as obrigações consistentes em declaração de vontade podem ser executadas, e a sentença se substituirá à manifestação de vontade do devedor.[259] Muitos autores, *verbi gratia*, dão como exemplo de obrigação de fazer a conclusão do contrato, mas é preciso ter presente aquilo que afirmamos a respeito da distinção entre obrigações de dar e de fazer.

Quando nos referimos às últimas, estávamos a dizer que, na obrigação de pintar um quadro e entregá-lo, existiam dois deveres: um tipicamente de fazer (pintar o quadro) e outro de dar (a entrega). Na obrigação de fazer negócio jurídico, de emitir volição, há *facere* (a emissão da vontade), mas pode não ser elemento preponderante, pois, se se tratar de negócio dirigido à transmissão de direitos reais ou mesmo de negócio dispositivo de direito de crédito (cessão de direitos), constituir-se-á a *solutio* em adimplemento de obrigação de dar. Não é, portanto, totalmente exato afirmar que a obrigação de fazer negócio jurídico seja sempre *obligatio faciendi*.

Obrigação de fazer e impossibilidade

A obrigação de fazer não pode ter objeto indefinido e indeterminado, que colha todas as virtualidades da pessoa. Ela se dirige à prática de um ou alguns atos. Não se cuida aqui de algo semelhante às obrigações que nasciam, por exemplo, na Idade Média, do contrato vassálico, que, em certos casos, polarizavam grande parte, senão quase todas as virtualidades da pessoa, a ponto de reduzi-la, algumas vezes, a situação semelhante à de *ingenuo in obsequio*. A obrigação de fazer é, de todas, a que mais de perto toca o indivíduo como pessoa, ao vincular a emanação da personalidade à prática de um ato, algo que está ligado indissociavelmente ao conceito de liberdade. Daí, como já aludimos, as dificuldades que encontram os juristas e legisladores na feitura das leis, para imaginar as hipóteses de admissão de execução das obrigações de fazer.

---

[259] Nonato, *Curso de obrigações*, v. I, p. 312.

A atividade que deve ser praticada pode-se tornar impossível. Nessa parte incidem, em geral, os princípios já anteriormente expostos no que forem compatíveis com as obrigações de fazer, cujo objeto é uma atividade de que não resulta imediatamente a transferência ou modificação de direitos subjetivos. Se a impossibilidade for inicial e se tratar de obrigação personalíssima, não se pode falar de mera inaptidão. A obrigação é, então, objetivamente impossível, em virtude de seu caráter pessoal. Em se tratando de mera inaptidão inicial, cuidando-se de obra que possa ser feita por outrem, como não há equiparação da inaptidão inicial com a impossibilidade, o devedor assume o risco de prestá-la, portanto, entregá-la, ainda que realizada por terceiro. Se for posterior, no entanto, como inaptidão se equipara a impossibilidade, o devedor libera-se, a teor do art. 879 (248), que se dirige à impossibilidade ou à inaptidão superveniente. Não caberá aqui o exercício da ação material prevista no art. 881 (249). A impossibilidade superveniente pode ocorrer através de impedimento natural: a matéria com que deveria ser feito o quadro não mais existe na praça; o piano que deveria ser utilizado no concerto veio a ser queimado. Esses casos são de hipóteses de impossibilidade superveniente de obrigação de fazer. Pergunta-se, porém, se, em razão da possibilidade de poder ser feita por outrem a prestação, o devedor se libera quando a prestação por ele se tornar impossível? Não temos dúvida em afirmar que sim. Certo, pode o devedor, na hipótese do art. 878, quando não for convencionado que ele o faça pessoalmente, efetivar a prestação através de terceiro (*arg. a contr.*). É uma faculdade que cabe ao devedor de poder adimplir, ainda que a prestação não seja por ele pessoalmente realizada. Na hipótese de impossibilidade, porém, ou inaptidão, como não há fato imputável, ele se libera. Na segunda parte do art. 879 (248), formula-se a regra de que, se a prestação de fato se impossibilitar por culpa do devedor, responderá este por perdas e danos.

Pode ocorrer, entretanto, numa relação obrigacional, bilateral, obrigação de dar e de fazer. Assim se verifica quando *A* se compromete com *B* a pintar cartazes e colocá-los em determinados lugares durante período definido de tempo, dando-lhe *B*, em pagamento, um automóvel. Pode ocorrer que *A* pinte o quadro e o coloque nas paredes durante o período de tempo estipulado, mas que sucederá se o automóvel vier a ser destruído, digamos, por incêndio? É preciso salientar que, quando se manifesta a impossibilidade da obrigação de dar e se resolve o sinalagma, aquele que já adimpliu (pagou, por exemplo, o preço do objeto) pode repetir, porque, ao contrário, haveria um enriquecimento injustificado, podendo ser parificada a situação a uma daquelas de que resultava a *condictio causa data causa non secuta*. Em se tratando de obrigação meramente de fazer (pintar o quadro e colocá-lo em paredes), não há atribuição patrimonial e não se pode falar na aludida *condictio*, ou mesmo parificar as espécies. O adimplemento da obrigação de fazer, a sua vez, consistiu em ato-fato (pintar e colocar o quadro nos locais determinados). Com a destruição do automóvel estipulado antes da tradição, libera-se o devedor porque aí se trata de obrigação de dar.

Como o adimplemento da outra parte já se realizou, e como não consistiu em atribuição patrimonial, não caberá também a *condictio*, nem se pode pensar em substituir o automóvel por outro, pois se trata de obrigação de dar coisa certa; nem por dinheiro, porque aí se cuidaria de perdas e danos, somente devidas se houvesse culpa do proprietário do veículo. A resolução do contrato não produziu maior efeito, porque a obrigação de fazer havia sido já cumprida por inteiro e o período de tempo em que o cartaz deveria ficar exposto já se escoara. Nessa hipótese, a resolução não podia atingir o adimplemento, porque este consiste em ato-fato e o período de tempo já havia fluído. Em conseqüência, aquele que prestou, como não pode exigir da outra parte o equivalente, nem perdas e danos, sofrerá o prejuízo. Se a obrigação fosse de pintar (fazer) o quadro e entregá-lo (dar) depois de pronto, e se esta obrigação tivesse sido adimplida por inteiro e houvesse impossibilidade de prestar da outra parte, o contrato resolver-se-ia e o quadro deveria ser devolvido ao seu autor.

Obrigação de não fazer

À obrigação de fazer contrapõem-se as de abster, de permitir e de tolerar. Essas obrigações também se referem a uma atividade determinada – não fazer algo. Ninguém pode obviamente se obrigar a um não fazer genérico, dirigindo-se a abstenção a número ilimitado de atividades, pois isso feriria também o princípio da liberdade. A obrigação de não fazer pode estar como contraparte (dever anexo) de outras obrigações, como das de dar, por exemplo. Se alguém fez depósito de determinada coisa, não pode o depositário transferir a outrem, ainda que transitoriamente, a posse. Embora não se tenha feito expressa menção, à primeira vista já se compreende que o depositário tem a obrigação de abster-se de qualquer ato que importe em transferência da posse do bem.

Outras vezes, pode a obrigação de fazer ser o próprio conteúdo da prestação, como nas obrigações de não fazer concorrência.[260] Os deveres, no que diz

---

[260] Wendt, Unterlassungen und Versäumnisse, *Archiv f. die civ. Praxis*, v. 92, p. 1 e segs.

respeito à duração no tempo, podem ser temporários ou duradouros. A obrigação de não fazer concorrência supõe um certo grau de duração. A obrigação de um empregado que contratasse não se empregar em firma concorrente à da qual ele se retirou, seria obrigação duradoura. Algumas podem ser perpétuas, como a proibição de alienar. De modo geral, porém, elas possuem prazo.

Em direito civil, nem sempre o prazo necessita estar expressamente determinado no ato jurídico, para que se deva admitir que o negócio jurídico é a termo. Os romanos reconheciam que em certas obrigações, como as de *Ephesi dare*,[261] o termo poder-se-ia deduzir das circunstâncias que envolvessem o fato. O mesmo se pode dizer no que se refere às obrigações de não fazer. Se elas não tiverem prazo certo, dependerão de exegese, em cujo processo se verificará o aspecto finalístico, de modo a poder-se precisar sua duração. Se elas não contiverem termo expresso, nem por isso se depreenderá que sejam *ad vitam*.

Todavia, não se pode tratar da obrigação de omitir (*non facere*) como algo completamente separado do fim do contrato. Todas as prestações, inclusive as abstencionais, são comandadas pelo *telos* da relação jurídica. Por esse motivo, o que é devido não é propriamente o omitir pura e simplesmente, mas aquilo que se omite (omitir-algo).[262]

Constitui, nesse sentido, mandamento de conduta – de conduta, é certo, negativa. Ninguém poderia obrigar a um *non facere* puro e simples. O fim é que dá contornos nítidos ao objeto, transformando a mera abstenção fática em conceito jurídico. O *non facere* em si é o nada. Como pura negação, não interessa nem integra o mundo jurídico, principalmente nessa matéria, em que a consideração finalística, que permite definir a relação jurídica como processo, polariza o vínculo, endereçando-o ao adimplemento.

Obrigação de não fazer e interesse patrimonial

Otto Wendt, em trabalho que já referimos, examina a questão da exigência da patrimonialidade ou não para o conceito de dever e fá-lo como *sedes materiae* as obrigações de fazer e de *non facere*. Perceptivelmente se sente, na leitura daquela magnífica obra, que o problema da patrimonialidade das obrigações não poderia ser tratado nas obrigações de dar. A razão para isso acreditamos

---

[261] D. 45, 1, 137; Código Civil, art. 127 *(134)*, *in fine*.
[262] Esser, *Schuldrecht*, p. 93.

ter apontado ao afirmarmos que a obrigação de dar é aquela que se dirige à atribuição patrimonial.

Em alguns casos de obrigação de não fazer, não se pode pensar em ação de adimplemento, quando se cuidar de ato que deva ser praticado de omissão em que devem ser adimplidos em momento determinado. Assim, quando, no momento em que se devia realizar a omissão (por exemplo, *pactum de non licitando*), pratica o devedor o ato contrário, não se poderá pensar numa ação de adimplemento por parte do devedor. É preciso ter presente que, no *pactum de non licitando*, se cuida de obrigação de não fazer – e não de dar. A circunstância de alguém se obrigar a não licitar não significa que o titulado a licitar tenha renunciado à sua faculdade (ou direito) em favor de outrem ou mesmo se obrigado a renunciar. Se assim ocorresse, o direito ter-se-ia transmitido (renúncia como ato dispositivo) e seria impossível descumprir a obrigação. Exatamente porque quem se obrigou a não licitar não renuncia, é que pode, através de ato contrário, no momento em que se realiza a licitação, descumprir o dever de abster-se. No direito germânico, em virtude do §253,[263] não caberá também perdas e danos,[264] razão por que Jhering postulou solução favorável, argumentando com apoio em jurisprudência de outros países, segundo a qual a falta de uma medida estabelecida para lesão ou de uma tarifa pré-estabelecida para a quebra do contrato não se constituiria em obstáculo para utilizar a natureza penal ou satisfação em dinheiro, de modo que também os interesses não pecuniários tivessem a proteção jurídica adequada.[265] No direito brasileiro, também, certos danos imateriais – entre os quais o denominado dano moral, dor moral etc. – não são indenizáveis. Nesse sentido, a solução de nosso Código, de que o descumprimento das obrigações enseja adimplemento específico (se possível) e perdas e danos, deve ser entendida, quanto a estas últimas, no sentido de que o dano tenha conseqüências patrimoniais, salvo hipóteses especificamente normadas.[266]

---

[263] BGB, §253: "Em razão de dano, que não seja patrimonial, somente pode ser exigida indenização em dinheiro em casos determinados por lei".
[264] Wendt, Unterlassungen cit., p. 52.
[265] Jhering, *Jahrbücher für die Dogmatik*, v. 18, p. 53; cf. Wendt, Unterlassungen cit., p. 53; vd. Planck, *Kommentar*, v. II, p. 32; Palandt–Danckelmann, *Kommentar*, p. 207.
[266] *Nota de atualização:* Cabe referir a intensa evolução jurisprudencial experimentada no Brasil desde a edição da presente obra, conforme se verifica, e.g., nas Súmulas nºs 37 e 227 do STJ. Ainda se deve lembrar do disposto tanto no art. 5º, incisos V e X, da Constituição de 1988 quanto no art. 186 do novo Código Civil brasileiro, no sentido da plena admissão da indenização por danos imateriais.

Obrigação de não fazer e impossibilidade

O Código Civil, no art. 882 *(250)*, formula a regra de que a obrigação de não fazer se extingue, "desde que, sem culpa do devedor, se lhe torne impossível abster-se do fato, que se obrigou a não praticar". Diz-se que a obrigação de não fazer é impossível, quando o devedor não se pode abster de praticar o ato contrário. Esse conceito aparece inclusive nas condições impossíveis de não fazer, que se contam entre os exemplos das condições necessárias. O negócio jurídico sob as condições *in coelum non ascendere, digito coelum non tangere* é considerado puro e simples (não condicionamento).[267]

A impossibilidade pode ocorrer, e via de regra assim sucede, por imposição acima do dever de direito privado[268] – de direito público, portanto –, como se alguém se tivesse obrigado a não alienar (não fazer) determinada propriedade durante certo período de tempo, tendo sobrevindo, no fluxo do prazo, desapropriação da área. Diz-se, é verdade, impropriamente, que houve uma *alienatio necessaria*, valendo o mesmo para as demais medidas de direito público, como as processuais da penhora, adjudicação etc.[269]

Obrigação de não fazer e *actio*

Do art. 883 *(251)*, deduz-se que o ato praticado sem que o devedor possa alegar a impossibilidade facultará o credor a exigir dele que o desfaça, sob pena de ser desfeito à sua custa, ressarcindo o culpado perdas e danos. Temos aí exemplo de *actio*, de pretensão e de ação de direito material. A exigência, formulada pelo credor, de que o devedor desfaça o ato que praticou, constitui exercício de pretensão de direito material. A possibilidade de ir adiante no *iter* da eficácia material de direito, de "se desfazer à sua custa", caracteriza-se como ação em sentido material (*actio*), da qual resultará a possibilidade também de serem exigidas do devedor as perdas e danos, como solução final para o conflito de interesses (CPC, arts. 642 e 643, parágrafo único).

Obrigações genéricas

Existem certas obrigações em que, no momento em que nascem, o objeto ainda não está determinado, embora seja determinável. Costuma-se chamar

---

[267] Wendt, Unterlassungen cit., p. 54; Código Civil, art. 116 *(123 e 124)*.
[268] Wendt, Unterlassungen cit., p. 55; Miranda, *Tratado*, v. 22, p. 118.
[269] Wendt, Unterlassungen cit., p. 55.

essas obrigações de genéricas, ou de dar coisa incerta. A coisa "será indicada, ao menos, pelo gênero e quantidade",[270] e o devedor terá que prestar objeto de qualidade média, a ele cabendo a escolha, "se o contrário não resultar do título da obrigação".[271] Nem sempre se entendeu que nas hipóteses de dívidas genéricas deveria o *debitor* prestar objeto de qualidade média. Segundo o "Espelho da Suábia" (*Schwabenspiegel*), deveria solver com o de melhor qualidade.[272]

Antes, porém, de examinarmos as obrigações materialmente genéricas, convém elucidar a natureza da obrigação de prestação pecuniária. A prestação em dinheiro, tem sido afirmado por muitos juristas, não se adaptaria perfeitamente ao sistema de transmissão de propriedade, em razão de sua extrema fungibilidade e consumptibilidade, bem como de sua função econômica – de sua natureza, enfim.

Obrigações pecuniárias

A moeda tem sido considerada, tradicionalmente, algo semelhante à mercadoria. Por esse motivo e, sobretudo, por tratar-se de coisa móvel, tem-se aplicado o sistema peculiar à transferência de propriedade, isto é, fazendo-a depender da tradição. Tratar-se-ia de algo semelhante à mercadoria, e por esse motivo o dinheiro encontrou seu enquadramento no direito das obrigações entre as genéricas. No direito romano, a ausência de maior poder de abstração fez com que os juristas tivessem concepção "metalística" do dinheiro, segundo a qual não se podia admitir valor de troca fora do conteúdo nobre da moeda.[273] Aos romanos, eram também desconhecidos os conceitos de "capital" e de "valor abstrato", que supõem elevado grau de abstração,[274] tal como hoje os conhecemos. Com o advento do capitalismo, entretanto, para superar dificuldades e empecilhos que, para a circulação de valores, representaria uma concepção metalística do dinheiro, foram surgindo outras modalidades, como as notas bancárias, o dinheiro-papel, enfim, os meios modernos aplicáveis ao comércio, sem os quais o exercício dessa atividade seria impraticável. Longo, porém, foi o período de tempo até surgirem esses modernos meios de escambo.

---

[270] Código Civil, art. 874 (*243*).
[271] Código Civil, art. 875 (*244*).
[272] Esser, *Schuldrecht*, p. 143. Aliás, ainda que o Código Civil não editasse a regra do art. 875 (*244*), *in fine*, a qualidade seria média em decorrência do princípio da boa-fé (Esser, loc. cit.).
[273] Kaser, Das Geld im Sachenrecht, *Archiv f. die civ. Praxis*, v. 143, p. 6.
[274] Gierke, *Das deutsche Genossenschaftsrecht*, 1954, v. II, p. 69.

Transformada a economia com o advento do capitalismo e de suas necessidades, procurou-se também ultrapassar a concepção metalística no plano do direito. Um dos primeiros juristas a ocupar-se com o problema em sua nova feição, e talvez mesmo o primeiro, foi Savigny, que denominou o poder de compra e de pagamento de quem o possui como poder patrimonial e esclareceu que nem o valor nominal, nem o valor de curso caracterizaria o conteúdo da dívida.[275]

Desde o direito romano, o dinheiro era objeto de regras comuns a todos os bens cuja devolução (obrigação de restituir) não se fazia no *idem corpus*, mas no *tantundem*. Endereçavam-se ao dinheiro os mesmos preceitos que se referiam às demais coisas fungíveis e consumíveis, vindo a constituir assim um negócio irregular, isto é, acarretando a passagem de propriedade, em negócio no qual, via de regra, tal não ocorria – e daí a denominação.[276]

No D. 19.2.31, de Alfeno, fragmento referente à locação, afirma-se que as coisas locadas podem ser de duas espécies: uma em que se devolve a mesma coisa (idem), permanecendo a propriedade com o locador, e outra, de devolver coisa do mesmo gênero, cujo vínculo dominical se transforma em mero crédito (*in creditum iri*).[277]

O Código Civil brasileiro emitiu regra comum às coisas fungíveis e consumíveis, incluindo-se entre elas, sem distinção, o dinheiro, no parágrafo único do art. 933 (*307*), referente ao adimplemento: "Se, porém, se der em pagamento coisa fungível, não se poderá mais reclamar do credor, que, de boa-fé, a recebeu, e consumiu, ainda que o solvente não tivesse o direito de alheá-la". O BGB, no §935, formulou o princípio de que não se adquire a propriedade de uma coisa, ainda que o adquirente esteja de boa-fé, desde que ela tenha sido roubada, ou de alguma forma perdida. A alínea III abre exceção para admitir

---

[275] Falck, *Das Geld und seine Sonderstellung im Sachenrecht*, 1960, p. 1.
[276] Esse tipo de negócios irregulares mereceu tratamento monográfico de Mario de Simone, *I negozi irregolari*, 1952. Na análise dos textos de direito romano e dos dispositivos do Código Civil italiano, determinou as características do aludido negócio jurídico irregular, em confronto com a figura comum ordinária, através das seguintes notas: a) que existe no direito positivo uma série de negócios, por sua natureza não translativos de propriedade, que apresentam um duplo aspecto, um conforme aos caracteres normais de tipo e o outro divergente; b) que esta divergência se manifesta na transferência de propriedade do bem daquele que o entrega (*tradens*) àquele que o recebe (*accipiens*); c) que tal divergência ocorre todas as vezes em que o objeto do negócio seja um bem consumível ou bem fungível por sua natureza ou vontade das partes; d) que a conseqüência de tal divergência é a restituição do bem que se está obrigado com a devolução não da coisa recebida, mas de um equivalente *in natura* ou em dinheiro (p. 52).
[277] Em face do nosso direito (Código Civil, art. 1.188 [*565*]), a locação não pode recair sobre bem fungível. Vd., a respeito, ac. 2. Câm. Civ. TJRGS, na Apel. n. 21.711, in: *Rev. Jur.*, v. 61, p. 202 e segs.

a aquisição de propriedade, desde que o adquirente esteja de boa-fé, quando se tratar de dinheiro, de títulos ao portador, bem como de coisas que tiverem sido alienadas em hasta pública.[278] A máxima do parágrafo único do art. 933 (307) do nosso Código Civil enraíza-se também no velho direito hispânico e luso, pois se refere, em suas origens, aos negócios realizados nas feiras, com bens fungíveis e consumíveis, e provém de uma época em que o dinheiro era considerado mercadoria. Daí a sua formulação, equiparando, no que diz respeito ao tratamento jurídico, todos os bens fungíveis e consumíveis.

Relativamente à localização dos dois preceitos semelhantes no direito brasileiro e no direito germânico, é interessante salientar que o §935 do BGB se localiza na parte do direito das coisas e se constitui em regra proximamente vinculada com o acordo de transmissão, enquanto o art. 933 (307) e seu parágrafo único estão localizados num capítulo do direito das obrigações.

Como já salientamos diversas vezes, o art. 933 (307) de nosso Código Civil refere-se ao negócio jurídico de direito das coisas, àquele ato dispositivo e de adimplemento que se situa dogmaticamente na dimensão dos direitos reais. Como negócio de adimplemento, poderia o código exarar regra ao tratar dessa figura, como o fez o nosso, ou discipliná-lo no direito das coisas, no capítulo referente ao acordo de transmissão, conforme o Código Civil alemão. Exige-se, porém, tanto na hipótese do parágrafo único do art. 933 (307) quanto na alínea II do §935 do BGB, que o adquirente esteja de boa-fé.

Na Idade Média, o problema das coisas fungíveis e consumíveis passou a preocupar seriamente os juristas, e, como se insinuara um intercâmbio de conceitos entre usucapião e tradição, argumentou-se que a aquisição de bens fungíveis e consumíveis em tendas e mercados se operaria através da prescrição instantânea – prescrição, esclarece, aquisitiva. Por isso se diz que a teoria do usucapião e da boa-fé se refletiram na compra e venda e na imunidade de feiras e mercados.[279]

A dogmática atual, porém, não se poderá utilizar da aludida prescrição instantânea para fundamentar a aquisição do adquirente de bem fungível, a teor, no direito brasileiro, do parágrafo único do art. 933 (307) do Código Civil.

A hipótese evidentemente é diversa. Cuida-se aí de aquisição decorrente da consumptibilidade da cousa, e, desde que esteja o adquirente de boa-fé, não

---

[278] A mesma regra aparece no §1.007, II, do BGB.
[279] Nuñez Lagos, *Tercero y fraude en el registro de la propiedad*, 1950, p. 53.

possuirá o anterior proprietário qualquer pretensão contra ele (não poderá reclamar).

Fato importante para o conceito de mercadoria foi a mobilização dos capitais, que, como efeito do desenvolvimento da especulação, atingia já no século XVI, principalmente em Antuérpia, a categoria de "febre" generalizada. Mobilização de capital significa transformação de mercadoria em valores que ela representa.[280] A diferença, portanto, entre mercadoria e dinheiro é que aquela, pelo menos *in thesi*, sempre possui valor de troca, mas o dinheiro é este próprio valor, posto seja meio legal de pagamento.[281]

O dinheiro e o princípio da separação de planos

Segundo alguns importantes monografistas, o desenvolvimento da relação obrigacional, cujo objeto da prestação seja dinheiro, teria a singularidade de não lhe serem aplicáveis as regras comuns às dívidas que se dirigem à transferência de propriedade de coisa corpórea, isto porque, constituindo-se em meio legal de pagamento, não seria a ele adequado o sistema de transmissão do direito das coisas e recomendar-se-ia, *de lege ferenda*, disciplina meramente obrigacional.[282]

Torna-se desde já necessário desfazer um equívoco que por vezes tem assaltado aos que versaram a matéria. Não é possível tratar como espécie idêntica, com intuito de simetria e sistematização, o dinheiro e os títulos de crédito. Estes últimos, embora costumeiramente sejam utilizados como dinheiro, na praxe comercial e bancária, não possuem a mesma categoria jurídica. O pagamento, que através deles se opera, repercute juridicamente como cessão de crédito. A diferença, portanto, entre o dinheiro e aqueles títulos é perfeitamente visível.

Os autores que procuram situar o adimplemento do dinheiro no plano obrigacional salientam, a esse propósito, sua função. Na trilha desse pensamento, afirmam que se deveria abstrair o aspecto de coisa corpórea, pois que o dinheiro é sobretudo valor.

---

[280] Sée, *Die Ursprünge des modernen Kapitalismus*, 1947, p. 42.
[281] A respeito do significado do dinheiro, vd. Weber, *Wirtschaft und Gesellschaft*, 1947, v. I, p. 92, em que se conceitua como meio legal de pagamento (*gesetzliches Zahlungsmittel*). No que se refere aos diversos significados e concepções na economia e no direito, vd. Simitis, Bemerkungen zur rechtlichen Sonderstellung des Geldes, *Archiv f. die civ. Praxis*, v. 159, p. 406 e segs.
[282] Kaser, *Das Geld* cit., p. cit.; Wieacker, *Zum System des deutschen Vermögensrechts*, 1941, p. 47 e segs.; Brandt, *Eigentumserwerb und Austauschgeschäft*, p. 239 e segs. Consulte-se, a respeito das diferentes correntes, Falck, *Das Geld im Sachenrecht*.

Irrelevante, por sua finalidade, seria o substrato do dinheiro (metal não nobre ou papel). Visualizado assim, destacado de seu substrato, constituir-se-ia em "direito de valor", e não propriamente em direito de propriedade.[283]

Essa concepção, a que emprestou prestígio Max Kaser, obteve grande acolhida, embora o mesmo não se possa dizer dos tratadistas nacionais, mais preocupados estes últimos com a natureza econômica do que com a sua classificação dogmática.

Os diversos argumentos que alinham os que postulam a falta de adequação do sistema de direito das coisas para o desenvolvimento desse tipo de dívida podem ser sumariados da seguinte forma: a) a circunstância de ser praticamente impossível qualquer ação reivindicatória do dinheiro, em razão de sua consumptibilidade essencial; b) o valor-soma que torna indiferente a quantidade de moeda ou notas necessárias para integrar o pagamento. Deste valor-soma deduz-se também que o dinheiro confere um poder patrimonial abstrato, destacado do substrato que o informa. Desde que se admita essa separação de modo radical, estaria excluído o adimplemento das dívidas de prestar em dinheiro (pagamento *stricto sensu*) do plano dos direitos reais.

O dinheiro, porém, como objeto de qualificação dogmática, não pode ser havido como algo separado dos elementos que lhe dão forma e perceptibilidade. Deve-se admitir que a matéria-prima que informa o valor – o metal ou o papel – pode possuir pouca ou nenhuma valia quando separada da função que lhe comete o Estado ao considerá-la meio legal de pagamento. Mas é imperioso aceitar que o conteúdo, o valor de compra que o dinheiro traduz, sem o continente, não é pensável como elemento circulante, como algo que serve de medida para o escambo. E desde que o dinheiro necessite de forma que o torne reconhecível no mundo social – e que esta forma seja uma coisa móvel –, não pode a dogmática deixar de considerar este último aspecto e submetê-lo, no que a ele se refira, a certas regras peculiares às obrigações genéricas. Esclareça-se, contudo, que em razão de sua consumptibilidade essencial nem sempre lhe serão adequadas todas as regras que comandam as obrigações genéricas típicas, tal como estão definidas no Código Civil.[284] O valor-soma impede que se lhe possa aplicar, com perfeição, aqueles aludidos dispositivos. A definição que o Código Civil enuncia abrange naturalmente as regras relativas às obrigações de estrutura típica. Mas essa forma típica não é exaustiva. A obrigação de prestar

---

[283] Kaser, Das Geld cit., p. cit.
[284] Código Civil, arts. 874 (243) a 877 (246).

em dinheiro possui peculiaridades: não se pode considerá-la simplesmente como obrigação de dar. Para tal conclusão, seria necessário não levar em conta que a dívida de dinheiro, embora seja dívida de valor e, entre nós, de valor nominal, para circular necessita de concretização, de aplicação do princípio da determinação, que caracteriza o processo das obrigações genéricas. Como já se mencionou, porém, nem todas as notas que caracterizam a obrigação genérica típica se fazem presentes na obrigação pecuniária.

Esser, para demonstrar a diversidade existente entre dívida genérica em sentido próprio e a de prestar em dinheiro, denomina esta última dívida genérica em sentido formal. Considerada materialmente, essa dívida de unidade de valor ou de soma, nenhum sentido haveria na prática em tê-la como genérica.[285]

As tentativas realizadas no sentido de haver o dinheiro como algo completamente separado de sua forma, se permitem considerações interessantes, tendo em vista sua função, não podem obscurecer a circunstância de que o dinheiro é bem móvel consumível e, por esse motivo, sujeito às regras de transmissão de propriedade, notadamente às da tradição. Para vermos quais as regras das dívidas genéricas que incidem sobre o dinheiro, é preciso termos presente sua natureza – no caso, sua consumptibilidade.

Dinheiro e acordo de transmissão

Um dos problemas que têm preocupado a doutrina em matéria de dívida de prestar em dinheiro é a natureza – ou mesmo a existência – do acordo de transmissão.

Max Kaser, por exemplo, ao frisar que as regras peculiares à dimensão do direito das coisas não seriam adequadas a esse tipo de obrigação, informa que, em se tratando de transmissão de propriedade, no direito germânico se faz necessário o acordo de transmissão, que é negócio jurídico. Ora, esse mesmo acordo de transmissão nas dívidas pecuniárias não seria negócio jurídico, mas ato-fato.[286] Relativamente a esta última objeção, pode-se afirmar que a vontade existente no ato de solução, pelo menos em nosso direito, pode ser havida como co-declarada no negócio produtor de obrigações, que o antecede logicamente.

---

[285] *Schuldrecht*, p. 154.
[286] Kaser, Das Geld cit., p. 12 e segs.

Desenvolvimento do vínculo obrigacional | 145

O argumento pode realmente impressionar àqueles sistemas que exijam, para o adimplemento, vontade diversa da que se insere no ato meramente obrigacional. Segundo nosso Código Civil,[287] em se tratando de bem fungível e consumível, o devedor nada poderá reclamar contra o credor que o recebeu e consumiu, desde que este último esteja de boa-fé. Vale dizer, não possui pretensão exercitável contra ele. Todavia, se recebeu de má-fé, e ainda não se operou a consumpção, poderia ao legitimado, *in thesi*, caber ação reipersecutória. Se o bem foi consumido, a ação é de enriquecimento sem causa, sendo o dever de prestar dívida de valor real.[288]

Concretização e riscos

Que às dívidas de prestar em dinheiro não se aplicam todas as regras que comandam as obrigações genéricas, não há dúvida. Resulta isso da simples observação de que aquele que deve prestar não necessita fazê-lo em moeda ou nota de qualidade média.

Deve-se prestar em moeda de curso forçado, independentemente da qualidade. Aliás, a qualidade é importante nas obrigações formal e materialmente genéricas, uma vez que estas se constituem em obrigações de prestar coisas (*Sachleistung*), em sentido próprio, sendo a obtenção dessas mesmas coisas, em si mesma, a *causa finalis* objetiva, enquanto no dinheiro, embora possa haver dívida de prestar coisas, no sentido de que se materializa e tem *corpus*, a qualidade não interfere, porque essencial é apenas o poder patrimonial que ele confere, decorrente da circunstância de ser meio legal de pagamento.

Por sua extrema consumptibilidade, a concretização não se opera do mesmo modo que as demais coisas fungíveis.

Em se tratando de dinheiro, praticamente se pode dizer que a posse coincide com a propriedade. Nesse sentido, a concretização – fase do processo de desenvolvimento das obrigações genéricas, importante em matéria de riscos – está sujeita a regras decorrentes da natureza do dinheiro. Por esse motivo, o regime jurídico a que está sujeito o depósito de dinheiro difere do depósito comum, tanto que a devolução não se opera no *idem corpus*, mas no equivalente, no *tantundem*. Para diferenciá-lo das hipóteses normais de depósito, denominou--se a figura depósito irregular, que se rege pelas regras do mútuo.[289]

---

[287] Art. 933 *(307)*, parágrafo único.
[288] Vd. Kaser, Das Geld cit., p. 15.
[289] Código Civil, art. 1.280 *(645)*.

A concretização do dinheiro exige que ele seja retirado do patrimônio do devedor e, segundo Simitis, que ele seja depositado.[290]

Bastará que o próprio devedor o faça, retirando-o de circulação, individualizando-o e conservando-o sem qualquer possibilidade de mistura ou comistão. Esse ponto de vista seria inaceitável dentro do rigor absoluto dos princípios, mas, conforme se frisou, praticamente a responsabilidade deveria cessar com o envio do dinheiro. Entre nós, sustenta esse ponto de vista Orlando Gomes.[291]

Finalmente, é preciso levar em conta que o dever de prestar em dinheiro não se refere a determinada moeda; mesmo que o padrão ou o tipo da moeda seja modificado de modo geral, nem por isso terá ocorrido a impossibilidade de prestar. Essa conclusão é corolário do valor-soma do dinheiro.

Dívida de valor nominal e de valor real

O dinheiro, visualizado materialmente, tem, a seu turno, duas modalidades de tratamento, das quais decorrem distintas conseqüências jurídicas.

Via de regra, a dívida de prestar em dinheiro é do valor nominal, significando com essa expressão que não se considera o valor real, ou seja, a quantidade de objetos que com ele se pode comprar. A regra é assim de que se deve solver com o aludido valor nominal.

À medida que vão aumentando os efeitos da inflação sobre o objeto da prestação, não tardam a surgir novas instituições, seja de formação jurisprudencial, seja através de legislação específica, no sentido de adaptar os efeitos dos negócios jurídicos às profundas oscilações econômicas. Muitas vezes, a técnica consistiu em transformar dívidas de valor nominal em valor real.

É muito maior o número, todavia, de dívidas de valor real do que normalmente se imagina. É certo que a jurisprudência e a doutrina, entre nós, não examinaram detidamente esse problema, como deveriam ter feito, máxima em razão da progressiva desvalorização da moeda.

---

[290] Bemerkungen cit., p. 448. Quanto à necessidade de enviar o dinheiro ao credor, como medida necessária à liberação do risco, é preciso notar que nosso Código Civil não tem dispositivo semelhante ao §270, I, do BGB nem ao art. 74, I, do Código de Obrigações suíço, segundo os quais a dívida de prestar em dinheiro é de enviar. Nos direitos alemão e suíço, por força desses dois dispositivos, não se aplica a regra do §243, II, a respeito da concentração. Entre nós, por não possuirmos os dispositivos mencionados dos códigos suíço e alemão, parece-nos in thesi aplicável o disposto a respeito da concretização (Código Civil, art. 877 [246]), com as cautelas dessumíveis da natureza das coisas.
[291] Obrigações, p. 74.

Algumas dívidas que são, ineludivelmente, dívidas de valor real têm sido consideradas pela jurisprudência como se fossem dívidas de valor meramente nominal. Nesse elenco, podem-se incluir as dívidas resultantes de indenização por motivo de atos ilícitos ou culposos que causem danos.

Salvo aquelas de que resulta uma obrigação de prestar alimentos, de modo geral, a jurisprudência não as considera dívidas de valor real.

É certo que em nosso direito vige o princípio de que "as perdas e danos, nas obrigações de pagamento em dinheiro, consistem nos juros de mora e custas, sem prejuízo da pena convencional".[292] Da interpretação desse princípio, resulta claro que, somente naquelas dívidas cuja prestação primária se endereça à entrega de dinheiro, as perdas e danos hão de se constituir em juros de mora e custas. Essa regra não incide também nas hipóteses em que a prestação primária se dirija à restituição *in natura* e que, por não ser esta possível, deve ser convertida em dinheiro, tais como as dívidas entre sócios, entre esposos, entre co-herdeiros, relativas aos bens, seja da sociedade, do casal ou da herança. Essas dívidas são de valor, porque não se referem a uma soma determinada de dinheiro, mas a partes ou alíquotas de um patrimônio.[293] Para que se possa ter noção exata das razões do discrime entre dívidas de valor nominal e real, é preciso ter presente a estrutura da obrigação (débito e responsabilidade) e as modificações por que passou o conceito de dinheiro (dívida metalística, de valor real e de valor nominal).

Primitivamente, a obrigação era pura e simplesmente responsabilidade pessoal. Posteriormente, surgiram os negócios de responsabilidade com que se podia evitar a responsabilidade pessoal, convertendo-se a mesma no pagamento de determinada soma convencionada. Mais tarde, admitiu-se que essa possibilidade existia desde o início, facultando-se então ao devedor pagar determinada soma ou ser objeto de execução. Noutro momento, permitiu-se que se pudesse demandar a coisa (*condictio certae rei*), embora, pelo menos até o fim do período clássico, fosse estimada no curso do processo, e a prestação se fizesse em dinheiro.[294]

Daí surgiu a aludida distinção, débito e responsabilidade, denominando-se hoje dever com prestação primária ao débito e dever com prestação secundária à responsabilidade.

---

[292] Código Civil, art. 1.061 *(404)*.
[293] Larenz, *Lehrbuch*, v. I, p. 138.
[294] Gaio, 4, 48: "*Omnium autem formularum quae condemnationem habent, ad pecuniariam aestimationem condemnatio concepta est*".

Quando a prestação primária não se relaciona com dinheiro, mas com objetos de outra natureza, e se esta se houver tornado impossível por culpa do devedor, a dívida a ser adimplida é de valor real.

Nas dívidas em que a prestação primária se dirige à entrega de um objeto, quando este, por culpa do devedor, se deteriorou ou se destruiu, faculta-se ao credor a exigência da prestação secundária de perdas e danos, sendo que, nessa hipótese, o dinheiro é mero elemento de substituição da prestação primária, constituindo-se, portanto, em dívida de valor. As penas pecuniárias, por não se dirigirem em princípio a bem determinado, são dívidas de valor nominal.

Dívida de prestar em dinheiro e autonomia da vontade

A dívida de prestar em dinheiro, *in thesi*, pode ser em moeda nacional ou estrangeira. A dívida de prestar em moeda estrangeira, ainda que esta, por ser estável, possa ser entendida como dívida de valor, é dívida de prestar em dinheiro e, como tal, dívida de valor nominal, posto que o *id quod debeatur* se relaciona diretamente com prestação em moeda, sendo esta prestação primária. A cláusula valor-ouro, valor-prata, constitui-se em dívida de valor, porque dinheiro, nessa hipótese, se manifesta apenas como elemento conversor do valor de que aqueles metais possuem. Diversamente, a dívida de prestar valor de determinada moeda – como, *verbi gratia*, valor-dólar – é, ainda assim, dívida de moeda, porque o que se deve primariamente é o seu valor – valor, frise-se, nominal. Ora, o dinheiro, enquanto materialmente visualizado, vem a ser precisamente esse valor. Conseqüentemente, a dívida de prestar em valor de determinada moeda, embora possa não ofender ao princípio do curso forçado, é ainda assim dívida de prestar em dinheiro, pois o que se pretende é o valor de determinada moeda; vale dizer, a própria moeda, encarada sob o prisma de seu valor. Ora, o valor das moedas de todos os países oscilam, e o princípio nelas vigorante de modo geral é o do nominalismo.

Aquela cláusula não ofende, porém, o princípio do curso forçado, porque este não se dirige propriamente a valores (coisas ideais), mas a objetos concretos, ao *corpus* da moeda, elemento sem o qual não se opera a circulação. O *corpus* (a quantidade de notas ou moedas necessárias) é constituído por tantas unidades quantas bastem para formar o valor devido. O dinheiro, em virtude de sua função e das implicações que dele podem decorrer, tem sido objeto de legislação restritiva não só quanto à sua feitura, mas também em relação ao seu curso.

Em Portugal, por exemplo, sob a égide das Ordenações (L. 5, tít. 113), impunha-se, além do confisco, a pena mais grave a todos aqueles que levassem moedas para fora do reino.

Outras vezes, a moeda pagava direitos de importação, como sucedeu, entre nós, com a moeda estrangeira de ouro e prata, em virtude do art. 24 do Regulamento de 30 de maio de 1836.

Demais disso, as Ordenações (L. 14, tít. 22) impediam com grave pena que alguém se pudesse recusar a receber a moeda nacional, e isso porque anteriormente se exigia, por vezes, a verificação, por pesagem e toque, do conteúdo nobre da moeda, a fim de aferir-se seu exato valor.[295] Atualmente, a matéria está regulada pelos Decretos nº 23.501, de 27 de novembro de 1933, nº 236, de 2 de fevereiro de 1938 (alusivo aos efeitos da cláusula-ouro sobre bancos e firmas nacionais), nº 1.079, de 27 de janeiro de 1939 (referente à cláusula-ouro ou moeda estrangeira nos empréstimos com garantia hipotecária anteriores a dezembro de 1933), nº 6.650, de 29 de julho de 1944 (que excluiu do âmbito do Decreto nº 23.501 as obrigações em moeda estrangeira, contratadas no exterior, para serem aqui executadas).[296]

Estabeleceu-se, desse modo, que as cláusulas antes aludidas (valor-ouro, valor-moeda-estrangeira etc.) seriam nulas.

Realmente, a hipótese não é, à evidência, de nulidade, mas de ineficácia. De ineficácia, apenas, como dívida em moeda estrangeira, ou como dívida cláusula-ouro, devendo-se operar a conversão em moeda nacional, no momento da existência do negócio jurídico. A proibição não se deduz pura e simplesmente do princípio do curso forçado do cruzeiro (*real*). Ela decorre da exigência de que a prestação seja feita em moeda nacional, pelo seu valor legal.

Obrigações genéricas em sentido próprio

São conhecidas, desde o direito romano, as obrigações genéricas em sentido próprio, obrigações estas de prestar coisas ainda não determinadas no momento da existência do negócio jurídico, embora determináveis no desen-

---

[295] Vd. Barros, *Apontamentos de direito financeiro brasileiro*, 1855, p. 182 e segs.
[296] Lei de Introdução ao Código Civil, art. 9º, §2.
Nota de atualização: Desde a primeira edição da presente obra, em 1964, outras tantas normas passaram igualmente a reger a matéria, entre as quais cabe ressaltar o Decreto-lei nº 857, de 11 de setembro de 1969, e, mais recentemente, as Leis nº 9.069, de 29 de junho de 1995, e nº 10.192, de 14 de fevereiro de 2001.

volvimento da relação obrigacional. A determinabilidade é característica da obrigação, pois sem a possibilidade de determinação da *res debita* não se pode realizar o adimplemento. Para a existência de dever, a determinação mínima é a do gênero e quantidade.[297] É obvio, assim, que a obrigação genérica se distingue da de prestar coisa certa, porque, nesta última, o objeto é conhecido e individualizado no momento em que se aperfeiçoa o negócio jurídico.

Nem sempre, porém, é fácil distinguir se, *in casu*, se trata de uma ou outra espécie de obrigação. É questão de interpretação saber se alguém pretende adquirir um objeto tendo em vista o gênero a que ele pertence, ou se o faz tendo presente uma unidade determinada, embora esta possa ser igual a dezenas de outras. A fungibilidade, por si só, não caracteriza a obrigação genérica, pois existem coisas fungíveis que são adquiridas *ut singuli*, em razão de assim haverem sido escolhidas, como uma jóia, no joalheiro. O joalheiro, em geral, comerciante grossista, compra-as como coisa genérica, mas o comprador, que as vê no mostruário, via de regra adquire-as como coisa certa, determinada.[298]

Há certas hipóteses de deveres de prestar coisa certa que, externamente, se assemelham aos que se dirigem a coisas indeterminadas. É exemplo dessa virtualidade o vínculo obrigacional que tenha como objeto da prestação uma *universitas rerum*, como uma fábrica ou empresa determinada, ou algo análogo. Embora essa universalidade possa ser constituída de coisas móveis e imóveis, de direitos reais, absolutos e limitados, e direitos pessoais, ainda assim a obrigação é de dar coisa certa, pois que a empresa ou fábrica está determinada no próprio negócio jurídico.

As dívidas genéricas comportam graus, tendo em vista a concretização do vínculo jurídico no *iter* do adimplemento. *In thesi*, o objeto das prestações desse tipo de deveres, no momento em que o ato jurídico se torna eficaz, só existe idealmente.

Todavia, o processo da relação jurídica supõe, como momento prévio ao adimplemento, a determinação da *res debita*. Em função dessa circunstância é usual dividir-se as obrigações em puramente genéricas ou restritas. Estas últimas, a seu turno, comportam graus de restrição, verificáveis por processo hermenêutico. Constitui dívida genérica restrita a que resulta da compra de algumas unidades existentes dentro de depósito de uma fábrica, indicadas, apenas, pelo gênero e quantidade. Não o é, porém, a que resulta da venda em

---

[297] Código Civil, art. 874 (243).
[298] Esser, *Schuldrecht*, p. 142.

sua totalidade de provisões depositadas em certo lugar, devendo-se verificar o preço dessas mesmas provisões pelo número, quantidade ou peso de cada uma das unidades existentes (*emptio ad mensuram*). A dívida é de coisa certa, porque a determinação diz respeito apenas ao preço.[299] Conclui-se, pois, que, para caracterizar a dívida genérica restrita, se faz necessário que a disposição se refira a algumas unidades (quantidade), indicadas pelo gênero, existentes dentro de um círculo espacialmente determinado (v.g., depósito, fábrica, empresa).

A restrição pode resultar da atividade exercida por quem aliena. De modo geral, o fabricante vincula-se pela mercadoria que ele produz ou tem em depósito. Sendo o objeto das dívidas genéricas indicado apenas idealmente, vige o princípio de que o risco corre sempre por conta do devedor, que não se libera em virtude de caso fortuito ou de força maior. Daí o adágio: *genus perire non censetur*.

Nas dívidas genéricas restritas, já não se pode dizer o mesmo. Se a mercadoria, que estava no depósito, queimou, libera-se o devedor, ainda antes de concretização, se não sobrou nenhuma do gênero que se prometeu prestar.

As dívidas de prestar coisas indicadas apenas pelo gênero, que se recebem contando, pesando, medindo ou assinalando, dão motivo a problemas técnico-jurídicos.

No direito romano, a *emptio venditio* era contrato consensual. Mas, na hipótese de se tratar de coisa que se devia receber, pesando e contando, não se reputava perfeito o contrato antes de realizados esses atos.[300] Por esse motivo, quando fosse, a concretização, encargo de terceiro, a dívida era considerada como de coisa certa, pois estava sob essa condição.[301] O Código Napoleônico seguiu o paradigma romano, dispondo não ser perfeita a venda, para o efeito da aplicação das regras referentes ao risco, antes de realizar-se a contagem ou pesagem.[302]

No direito brasileiro, esse tipo particular de obrigações genéricas sofreu tratamento legislativo semelhante no §1º do art. 1.127 *(492)* e no art. 1.144 *(509)* e seu parágrafo único do Código Civil.

Pelo art. 1.144 *(509)*, a venda a contento (de gêneros que se costumam provar, medir, pesar ou experimentar) é havida como sob condição suspensiva, "se no contrato não se lhe tiver dado expressamente o caráter de condição

---

[299] Regelsberger, Die Tragung der Gefahr bei Genuskauf, *Archiv f. die civ. Praxis*, v. 49, p. 184.
[300] Idem, p. cit.
[301] Idem, p. cit.
[302] *Code Civil*, art. 875.

resolutiva". No que diz respeito aos riscos, os casos fortuitos ocorrentes no momento em que se realizam aqueles atos, pelo art. 1.127 *(492)*, §1º, correrão por conta do comprador, desde que tenham as aludidas mercadorias sido postas à sua disposição. Em outras palavras, desde que se haja operado a cessão da pretensão à entrega. Este último ato não precisa vir expressamente declarado. A pesagem e contagem para efeitos da tradição, em se tratando de gêneros que somente podem ser recebidos dessa forma, têm o significado (declaração silente) de que os mesmos estão à disposição do comprador. A regra, aliás, não é apenas sobre a concretização de certas dívidas genéricas, mas o é também sobre a tradição. O que se transfere, aí, é o risco. Mesmo que a coisa tenha sido destruída ou deteriorada (impossibilidade parcial) em razão de caso fortuito ou força maior, o *periculum est emptori* significa afirmar que o evento não afeta a pretensão do vendedor de haver o preço.

A obrigação genérica como processo

O vínculo da obrigação genérica, ao endereçar-se, no plano dos direitos pessoais, ao adimplemento, encontra uma fase ou momento necessário à eficácia do ato dispositivo. Quando se aludiu à dívida puramente genérica, admitiu-se que *in thesi* o vínculo obrigacional se deveria endereçar a todos os objetos existentes no mundo físico, abrangidos pelo gênero. Assim ganharia realmente significado o princípio *genus perire non censetur*. Admitida, em toda sua amplitude, essa regra, importaria em afirmarmos que, supostamente existente, em algum lugar do mundo, apenas uma unidade do gênero prometido, mesmo assim a dívida seria exigível, não militando em favor do devedor a circunstância da impossibilidade. Não pode, todavia, ser dessa forma entendido o âmbito espacial em que se deve procurar o objeto prometido. A mera circunstância de estarem indicadas idealmente as coisas que deverão ser objeto da concretização não permite que se extraia semelhante inferência.

Embora esteja firme na doutrina e na jurisprudência o discrime entre impossibilidade e dificuldade, não se pode concluir com aquela amplitude. Em princípio, a maior ou menor restrição depende de hermenêutica.

Exigir que o adimplemento se realize sem consideração do espaço em que se encontra o objeto, é um *plus* que não se pode admitir *a priori*. Assim, quando alguém se obriga a entregar determinada mercadoria, não se lhe impõe o dever de pesquisar, em todo o globo, a existência de uma unidade para satisfazer o prometido. Da própria interpretação do contrato, tirar-se-á o âmbito espacial dentro do qual tenha aplicação o princípio *genus perire non censetur*.

Essa relativização do conceito de dívida genérica, ainda que pura ou não restrita, resulta, de um lado, da aplicação do princípio da boa-fé, que fixa os limites da conduta do devedor; de outro, do conceito da obrigação como processo. Mesmo na obrigação genérica em que os objetos estão apenas idealmente indicados, já se manifestam relativizações, que são efeitos da concreção por que passará o vínculo ao se desenvolver em direção ao adimplemento.

Há, assim, implicações de polaridade entre a obrigação e seu adimplemento – implicações estas que permitem que se possa considerar a obrigação como processo.

A concretização

No *iter* de desenvolvimento, há uma fase da relação jurídica genérica que se denomina concretização. Em nosso Código Civil,[303] ela tem o nome de "escolha".

O princípio é de que "a escolha pertence ao devedor, se o contrário não resultar do título da obrigação",[304] permitindo-se, portanto, que o credor possa realizá-la, bem como um terceiro. A qualidade da coisa a ser prestada é a média, não estando obrigado o devedor a prestar a melhor, nem podendo prestar a pior.[305]

A determinação, por sua vez, supõe um ato, ou melhor, uma atividade, que individualize o objeto da prestação. O ato material de que resultará a concretização é ato-fato, que se situa no plano do nascimento e desenvolvimento das relações obrigacionais. A partir desse momento, o risco das obrigações regular-se-á conforme os princípios pertinentes aos deveres de prestar coisa certa.[306]

Ainda que a concretização diga respeito ao objeto da prestação (e a prestação mesma, quando ato dispositivo de direitos reais, se situe no plano do direito das coisas), aquela se localiza no plano do nascimento e desenvolvimento das obrigações.

Em nosso direito, quando se cuida de transferência de direitos reais, a prestação mesma é negócio jurídico (de adimplemento, ou acordo de transmissão), sendo a vontade considerada co-declarada. Mas a concretização opera-se

---

[303] Código Civil, art. 875 *(244)*.
[304] Idem.
[305] Idem.
[306] Código Civil, art. 876 *(245)*.

no plano dos direitos obrigacionais, porque o tratamento que sofre a dívida – após a ocorrência do ato-fato de escolha – é a de dívida de dar coisa certa. Vale dizer que a individualização do objeto da prestação se realiza na dimensão do nascimento e desenvolvimento dos direitos obrigacionais.

Há alguns autores que sustentam que essa concretização, de modo similar ao que ocorre nas obrigações alternativas, se realiza mediante o exercício de direito formativo modificativo. De nenhum modo se pode adotar essa posição. A individualização realiza-se mediante atividades ou volições que entram no mundo jurídico como fatos. Constituem mero arbítrio e, portanto, ato-fato.[307]

No que respeita à concretização, o Código Civil determina que, "feita a escolha, vigorará o disposto na seção anterior",[308] isto é, o conjunto de regras que se endereçam às obrigações de dar coisa certa. O Código Civil alemão formula regra um tanto diversa, determinando que se operará a concretização desde que o devedor tenha feito o necessário.[309]

É preciso notar que, por meio da concretização, não resulta nenhuma modificação na prestação ou no vínculo obrigacional. Tal não se verifica porque a mencionada concretização não constitui negócio jurídico. Ela requer, apenas, critérios objetivos, que tornem clara a vinculação da mercadoria à finalidade contratual.[310]

Nosso Código Civil, porém, fixou determinado critério objetivo para esse efeito: a escolha. Filiou-se, assim, à corrente daqueles que exigem um momento taxativamente determinado para que se pudesse operar a transmissão do risco.[311] Exclui-se a hipótese em que haja acordo de vontades entre devedor e credor sobre a mercadoria a ser individualizada, porque, nesse caso, ocorreria novo negócio jurídico.[312]

A dificuldade surge em razão de que um só dos partícipes deve escolher, resultando dúvidas a respeito do momento em que se deve considerar individualizado o objeto da prestação.

Entre as duas correntes – de concretização com a escolha, predileta dos juristas do direito comum, ou caso a caso, solução do BGB, dependendo do exa-

---

[307] Esser, *Schuldrecht*, p. 145; Miranda, *Tratado*, v. 22, p. cit.
[308] Código Civil, art. 876 (245).
[309] BGB, §243, II: "*Hat der Schuldner das zur Leistung einer solchen Sache seinerseits Erforderliche getan, so beschränkt sich das Schuldverhältnis auf diese Sache*".
[310] Esser, *Schuldrecht*, p. cit.
[311] Regelsberger, Die Tragung cit., p. cit.; Crome, *Lehrbuch*, v. I, p. 51.
[312] Endemann, *Lehrbuch*, p. 675.

me da conduta do devedor (verificação se este realizou, ou não, o necessário) –, fixou nosso codificador o primeiro dos princípios, com algumas particularidades.

Para melhor examinarmos o alcance do nosso sistema, convém façamos breve notícia histórica. No tempo do direito comum, prevalecia o primeiro princípio, de que partiam duas grandes correntes: para uns, era bastante a mera especificação fática (*Ausscheidungstheorie*); para outros, havia necessidade de comunicar que a escolha se efetivara (*Individualisierungstheorie*). Em ambas as hipóteses, havia modificação na relação obrigacional. Essa modificação se harmonizava com a construção causalística do vínculo e do adimplemento,[313] sendo que as alterações que aquele viesse a sofrer seriam decorrência de novas causas, de que resultariam, à sua vez, novos efeitos. Feita a escolha (causa), deveria suceder modificação no vínculo, que, de genérico, se transformaria em de dar coisa certa. Por coerência, deveriam concluir que a referida escolha era ato que pertencia à categoria de negócio jurídico, porque somente este último tinha o condão de criar, modificar e transferir direitos. Era, ainda, o raciocínio com base na causa eficiente (*causa aequat effectum*; *cessante causa, cessat effectum*).

Em realidade, não é assim. Afirma-se atualmente que, nas obrigações genéricas, a concretização não opera modificações no conteúdo da dívida, pois representa, apenas, uma fase no proceso da relação genérica.

Somente a concepção da relação como processo é que permite solucionar o problema da concretização nas obrigações genéricas, pois esclarece a circunstância de que a obrigação se dirige – por força que radica em sua essência – ao adimplemento e não pode alterar o vínculo, requisito necessário de sua estrutura.

Concretização e dívida *quérable* ou *portable*

Salientamos suficientemente, a nosso ver, a circunstância de que a concretização difere, em muito, no direito germânico atual, da orientação a que se filiou nosso Código Civil. Mas, antes ainda de entrar em vigor o BGB, houve juristas do prestígio de um Jhering que negavam a possibilidade de concretização da dívida – e, conseqüentemente, do risco – antes da entrega.[314]

---

[313] O adimplemento no nosso Código Civil é considerado efeito da obrigação (vd. livro III, título II).
[314] *Lieferungstheorie* – vd. Heck, 1974, p. 30.

A diferença de opinião, porém, de modo geral é visível entre os juristas que, como Windscheid, se inclinavam, antes do advento do BGB, por solução em que se determinasse, de modo exato, o momento em que o risco se restringisse (de genérico para específico) e que, após aquele acontecimento, adaptaram suas convicções à nova orientação legislativa.[315]

No direito brasileiro, ao contrário do que se diz costumeiramente, o efeito da concretização não se relaciona, em princípio (ou pode não se relacionar), com o tipo de dívida – *quérable* ou *portable*. As regras a esse respeito no direito germânico ligam-se diretamente à prestação, vale dizer, ao adimplemento.

Em nosso direito, a concretização realiza-se na dimensão do desenvolvimento da dívida, como deveria suceder, logicamente, a todos os sistemas. No direito germânico, em virtude mesmo daquele relacionamento com o tipo de dívida, tem-se afirmado que a concretização se constitui em início de adimplemento, pertencendo, portanto, a este último plano. Mas, mesmo em nosso direito, se aquele que deveria individualizar o bem o houver enviado ao adquirente sem a cautela de transmitir aviso, considerar-se-á concretizada a prestação desde o momento em que este último o receber.

Como se percebe, o nosso Código Civil concedeu faculdade ao devedor de determinar no tempo, com toda a exatidão, o momento da concretização – faculdade que, *ex lege*, não existe no direito germânico, que impõe o exame, caso a caso, das hipóteses. Daí a vinculação com o tipo de dívida (de vir buscar, ir levar ou enviar).

Obrigações alternativas e com *facultas alternativa*

O desenvolvimento do vínculo obrigacional em que se contempla a possibilidade de escolha entre duas ou mais prestações possíveis apresenta-se, no mundo social, com certa semelhança às obrigações genéricas de tipo restrito. A diferença dogmática é, contudo, nítida, em face da categoria do ato escolha e da circunstância de existirem *ab initio* pelo menos duas prestações como possíveis. As alternativas podem consistir em prestações de natureza diferente, como, por exemplo, em escolher entre um automóvel e uma viagem. Nessa hipótese, o desenvolvimento do vínculo obedecerá aos princípios que comandam as obri-

---

[315] Windscheid, na edição de 1891 do *Lehrbuch des Pandektenrechts*, sustentava a opinião de que o risco se concretizava com a escolha, de que decorriam, segundo ele, modificações no vínculo (vd. v. II, §255, p. 21). Mas, na edição de 1906 do mesmo *Lehrbuch*, afirmava dever-se determinar o que seja necessário (*Erforderliche*), tendo em vista uma relação isolada (vd. v. II, §255, p. 42).

gações respectivas. Pode consistir, portanto, em prestações de dar e de fazer, que se desenvolverão, feita a escolha, segundo regras próprias. Deve-se evitar, de modo igual, incluir no número das alternativas, porque não o são certas possibilidades legais (concorrências eletivas), tais como aquelas existentes entre adimplemento e resolução, entre redibição e *quanti minoris*.[316] As alternativas supõem provisória indeterminação do conteúdo do que se vai prestar, e, por esse motivo, não se podem, também, haver como tais aquelas obrigações em que se reservou a uma das partes a fixação do momento da entrega, ou do tipo de transporte a ser utilizado, ou do modo de pagamento etc. Essas particularidades não dizem respeito ao conteúdo, mas, somente, às circunstâncias da prestação.[317]

O desenvolvimento da relação obrigacional de tipo alternativo é dos mais importantes, sob o aspecto dogmático. Não é difícil surpreender, claramente, os momentos e fases por que deverá passar o vínculo ao endereçar-se para o adimplemento.

O ato fundamental é, como já se aludiu, a escolha, que cabe, em nosso direito, se o contrário não for convencionado, ao devedor.[318] Essa regra tem merecido críticas, e na Alemanha vem sucedendo o mesmo. O BGB confere, na dúvida (*im Zweifel*), o direito de escolha ao devedor.[319] Com maior rigor de sistema, o nosso Código Civil aproximou até o possível as soluções de ambas as espécies de obrigações, alternativas e genéricas. Uma vez que a escolha nas obrigações alternativas se realiza mediante declaração de vontade, embora não tenhamos artigo expresso como o BGB tem,[320] a eficácia da concentração somente se opera com a recepção pelo *alter*. A declaração de vontade é receptícia, vale dizer, ela é feita perante alguém e necessita, para sua eficácia, que o destinatário dela tome conhecimento.

É certo que nas obrigações genéricas, quando se cuida de contrato entre ausentes, se faz necessário que o devedor comunique se já realizou a "escolha", se quiser beneficiar-se com a regra referente ao risco[321] – embora o ato ou atividade praticada para obter esse efeito não tenha a mesma categoria dogmática das escolhas nas obrigações alternativas.

---

[316] Esser, *Schuldrecht*, p. 147; Miranda, *Tratado*, v. 22, p. 124.
[317] Esser, *Schuldrecht*, p. cit.
[318] Código Civil, art. 884 (252).
[319] BGB, §262. Vd. Planck, *Kommentar*, v. II, p. 47; Palandt-Danckelmann, *Kommentar*, p. 216. Em sentido contrário, vd. Endemann, *Lehrbuch*, p. 668, nota 10.
[320] BGB, §263, I.
[321] Miranda, *Tratado*, v. 22, p. 108.

No que respeita à escolha nas obrigações alternativas, é fora de dúvida de que se trata de ato jurídico, mas a discussão surge quando se investiga sua categoria. Há quem afirme tratar-se de negócio jurídico,[322] enquanto outros a têm como ato em sentido estrito.[323]

Seckel, ao versar o importantíssimo conceito de direito formativo e formular a sua teoria, entendia que do exercício de direito formativo deveria resultar, sempre, negócio jurídico, havendo incluído, nesta categoria, a escolha nas obrigações alternativas. Atualmente, porém, sobretudo em razão das investigações de Pontes de Miranda, admite-se que possam resultar atos em sentido estrito. O aspecto mais importante para qualificar a escolha como ato em sentido estrito é a circunstância de que os efeitos são somente os resultantes *ex lege* da escolha. Esta não pode, conseqüentemente, ser condicionada.[324] A escolha representa a fase mais importante do processo das obrigações alternativas e caracteriza esse tipo de dívida. Via de regra, nas obrigações alternativas, já no momento da existência do negócio jurídico estão determinados os objetos das prestações possíveis. Pode ocorrer, contudo, que a obrigação alternativa esteja formulada de tal modo que as prestações estejam indicadas de modo genérico.

Pode acontecer que *A* deve escolher entre um automóvel de determinada marca e ano e um apartamento em determinado edifício. Nessa hipótese, há uma obrigação alternativa, sendo o objeto de cada uma das prestações indicado apenas genericamente.

O desenvolvimento desse tipo de dívida operar-se-á pela escolha que representará, de um lado, a concretização da dívida genérica e, de outro,

---

[322] Seckel considera-a negócio jurídico; de modo igual, Crome (*Lehrbuch*, v. II, p. 92). Endemann classifica a escolha como declaração de vontade (*Lehrbuch*, v. I, p. 666). Planck define a escolha como "negócio jurídico unilateral receptício". Aponta, contudo, certa semelhança entre o tratamento jurídico da escolha e os resultantes do exercício de certos direitos, como o de denúncia, e mesmo com a interpolação, já que ambos os casos não admitem condição (*Kommentar*, v. II, p. 47 e segs.). Nesta última forma de classificar, já surgem elementos que possibilitariam a sua classificação como ato em sentido estrito (*Rechtshandlung*), como o são a interpelação e a denúncia. Modernamente, os escritores preferem dizer, apenas, que a escolha é declaração de vontade, sem se definirem em favor de uma ou outra classificação, como Esser (*Schuldrecht*, p. 148), Larenz (*Lehrbuch*, v. I, p. 126 e segs.) e Palandt-Danckelmann (*Kommentar*, p. 216).
[323] Miranda, *Tratado*, v. 22, p. 132.
[324] O que não impede que possa ser exercido o direito formativo de escolher com uma *conditio in praesens vel in praeteritum collata*, desde que, segundo Planck, o *alter* tenha conhecimento ao receber a comunicação da escolha de que a "condição" já se implementou (*Kommentar*, v. II, p. cit.). Tais *conditiones*, porém, não são consideradas condições em sentido próprio, pois se referem a fatos ocorridos ou que estão ocorrendo na ocasião do aperfeiçoamento do negócio jurídico. Não nos parece relevante, em conseqüência, que o destinatário tenha conhecimento de que o fato já ocorreu.

a concentração própria das obrigações alternativas. São atos que se mesclam, mas que possuem categorias dogmáticas e requisitos que não se equiparam, visto como a escolha nas obrigações alternativas é exercício de direito formativo modificativo, que se constitui em ato em sentido estrito (à validade do qual se faz necessária a capacidade do agente), o que não sucede na concretização das obrigações genéricas, mero ato-fato.

A obrigação alternativa como processo

O direito de escolha

O direito de escolher é parte integrante do vínculo obrigacional. Por esse motivo, transfere-se com ele aos herdeiros do legitimado e, em caso de assunção de dívida, quando a escolha couber ao devedor, transfere-se, por igual, ao novo *debitor*; e se couber ao credor, poderá ser exercido perante este último.[325]

Não se pode, à sua vez, renunciá-lo, nem cedê-lo, de modo autônomo, isto é, sem abdicar ou transferir toda a relação jurídica.[326] Somente mediante um novo negócio jurídico (acordo entre devedor e credor) seria possível atribuir esse direito a um terceiro. Esta possibilidade existe, visto não haver impedimento para que se atribua *ab initio* o direito formativo de escolher ou de determinar o conteúdo da prestação a um terceiro.

O nosso Código Civil não determinou em que momento se deverá realizar a escolha. Não havendo prazo estipulado na convenção, afirmam alguns que este ficaria ao líbito de quem deva fazê-la.[327]

Em realidade, a escolha é momento ou fase do processo de desenvolvimento do vínculo obrigacional. O seu exercício está, portanto, condicionado ao fluxo do prazo em que deverá ser satisfeita a obrigação. Ora, como o adimplemento supõe determinação do objeto da prestação, e como a escolha pertence ao plano do desenvolvimento da obrigação, ela deverá ocorrer antes do termo fixado para o adimplemento. Quando a obrigação não tem prazo, supõe-se exigível de imediato.[328] O direito formativo modificativo de escolher, apesar de

---

[325] Planck, *Kommentar*, v. II, p. 47.
[326] Seckel, *Die Gestaltungsrechte*, p. 21.
[327] Planck, *Kommentar*, v. II, p. 48.
[328] Código Civil, art. 127 (*134*): "Os atos entre vivos, sem prazo, são exeqüíveis desde logo, salvo se a execução tiver de ser feita em lugar diverso ou depender de tempo". Esta cláusula final é o que se denomina "prazo presuntivo" (*ephesi dari*).

estar inserto numa relação obrigacional, não constitui dever. Como direito, não cabe ação à execução da escolha. A ação que poderá ser movida endereçar-se-á a uma ou outra prestação,[329] isto é, com condenação alternativa, nos termos do art. 288 do Código de Processo Civil,[330] quando a escolha couber ao devedor.

Embora possa parecer paradoxal, o devedor é titular de direito subjetivo. Dessa situação resulta que a demora em escolher não constitui *mora debitoris* no exercício do aludido direito.[331] Seckel deu-se conta da dificuldade e entendeu estar vinculado não propriamente o direito de escolher, mas o seu exercício.[332] Em tal caso, além da ação condenatória alternativa, caberia também a de preceito cominatório, como sustenta Pontes de Miranda.[333] Em verdade, a escolha é direito, e relativamente a ele não pode caber ação cominatória. E nem a demora em escolher é demora de prestação,[334] visto que, sendo direito, não há falar-se em prestação. O que pode suceder é que, sendo a obrigação um processo, a falta de escolha será causa da mora não do exercício do direito, mas do não desenvolvimento dentro do prazo da relação jurídica. Em atenção a essa circunstância, o art. 571 do Código de Processo Civil, em matéria de execução, determina: "Nas obrigações alternativas, quando a escolha couber ao devedor, este será citado para exercer a opção e realizar a prestação dentro em dez (10) dias, se outro prazo não lhe foi determinado em lei, no contrato, ou na sentença". E o parágrafo primeiro do art. 571 completa a regra, ao dispor que se devolverá ao credor a opção, "se o devedor não a exercitou no prazo marcado".

Como se percebe, não cabe ação para a execução da escolha. A ação condenatória é alternativa, isto é, acompanha o sentido do vínculo obrigacional. Todavia, como a obrigação é um processo, que tende ao adimplemento, se não efetivar-se a escolha no prazo de 10 dias a que alude o art. 571, transferir-se-á o direito ao exeqüente, vale dizer, ao credor, que, a seu líbito, dirigirá a execução a uma ou outra das prestações.

Quando a escolha couber ao credor, a recusa em escolher dentro do prazo para adimplemento caracterizará espécie de *mora accipiendi*.[335] Por igual, o direito não se transmudou em dever, sucedendo apenas que, não escolhendo

---

[329] Palandt-Danckelmann, *Kommentar*, p. 217.
[330] Miranda, *Tratado*, v. 22, p. 126; Código de Processo Civil, art. 571.
[331] Palandt-Danckelmann, *Kommentar*, p. cit.
[332] *Die Gestaltungsrechte*, p. 47.
[333] *Tratado*, v. 22, p. cit.
[334] Palandt-Danckelmann, *Kommentar*, p. cit.
[335] Palandt-Danckelmann, *Kommentar*, p. 217.

o credor dentro do prazo, acarretou não a mora em escolher – que inexiste em face das razões apontadas –, mas a mora em receber a prestação. A respeito, exara o art. 981 *(342)* do Código Civil a seguinte regra: "Se a escolha da coisa indeterminada competir ao credor, será ele citado para este fim, sob cominação de perder o direito e de ser depositada a coisa que o devedor escolher. Feita a escolha pelo devedor, proceder-se-á como no artigo antecedente."

Impossibilidade

Pode suceder que o objeto da prestação se torne impossível.

O Código Civil normou exaustivamente as hipóteses. "Se uma das duas prestações", reza o art. 885 *(253)*, "não puder ser objeto de obrigação, ou se tornar inexequível, subsistirá o débito quanto à outra." "Se todas as prestações se tornarem impossíveis, sem culpa do devedor, extinguir-se-á a obrigação."[336]

A impossibilidade nas obrigações alternativas está submetida às regras comuns e a algumas regras peculiares ao tipo.

Assim, dispõe o art. 886 *(254)*: "Se, por culpa do devedor, não se puder cumprir nenhuma das prestações, não competindo ao credor a escolha, ficará aquele obrigado a pagar o valor da que por último se impossibilitou, mais as perdas e danos que o caso determinar". A solução prevista no artigo relaciona-se com o princípio de que o credor tem direito à prestação supérstite. Visto coubesse ao devedor a escolha, não poderia o credor "escolher" entre o valor das diferentes prestações: o Código Civil somente consagrou essa possibilidade quando, além de se manifestar culpa do devedor, a escolha coubesse ao credor.[337] Finalmente, "quando a escolha couber ao credor e uma das prestações se tornar impossível por culpa do devedor, o credor terá direito de exigir ou a prestação subsistente ou o valor da outra, com perdas e danos".[338]

As hipóteses referem-se à impossibilidade superveniente e relacionam-se com acontecimentos que se venham a verificar antes da concentração, vale dizer, antes do exercício do direito formativo modificativo. Se a impossibilidade suceder em momento posterior, o risco regular-se-á segundo as regras pertinentes às obrigações de dar coisa certa, se for o caso.

---

[336] Código Civil, art. 888 *(256)*.
[337] Código Civil, art. 887 *(255)*, *in fine*.
[338] Código Civil, art. 887 *(255)*, *in limine*.

A obrigação com facultas alternativa como processo

É bastante perceptível o discrime entre o desenvolvimento do vínculo obrigacional em que há *facultas alternativa* e aquele propriamente alternativo.

Sob o *nomen iuris* de "obrigação com *facultas alternativa*" conumeram-se, via de regra, vínculos perfeitamente distinguíveis. Denominam-se assim inclusive certas possibilidades eletivas, como o fizemos no curso da presente obra. Entre elas, estão as de propor ação de redibição ou *quanti minoris*; certas possibilidades, como as de exigir perdas e danos ou prestação específica, em algumas hipóteses de descumprimento contratual etc. Além destas, constituem obrigações com *facultas alternativa* aquelas em que se permite ao devedor substituir o objeto da prestação: a doutrina procurou inseri-las numa categoria comum e, ao mesmo tempo, tentou encontrar características também comuns que possibilitassem sua definição.

Titze entendeu que o discrime entre obrigações alternativas e as com *facultas alternativa* estaria em que, naquelas, as prestações suscetíveis de serem escolhidas possuem juridicamente o mesmo valor, o que não sucede nas últimas.[339] A distinção colocaria no mesmo nível todas as hipóteses que não se referissem às obrigações alternativas em sentido próprio.

A definição de Titze poderá, entretanto, servir somente para as faculdades de substituição em que se manifeste o mero arbítrio do devedor em substituir a prestação, o que se verifica quando, por exemplo, alguém promete vender um livro, reservando-se a faculdade de substituí-lo por um disco. Essa hipótese, contudo, não se equipara à possibilidade que tem o comprador, e. g., de propor ação redibitória ou de abatimento do preço. Ambas seriam pretensões do legitimado, que poderia utilizar uma ou outra.

A dúvida surge quando se questiona a respeito da categoria jurídica da "escolha" entre o exercício de uma ou outra pretensão. Advirta-se, entretanto, que ela não constitui exercício de direito formativo modificativo, mas é pura faculdade, vale dizer, mero arbítrio. Não se tem considerado *facultas alternativa*, atualmente, a possibilidade de exercitar uma ou outra pretensão, ou mesmo um ou outro direito formativo conferido a alguém em razão de vínculo jurídico.[340]

O desenvolvimento do vínculo em que há *facultas alternativa* assemelha-se externamente ao das obrigações alternativas. Internamente, porém, a diferença é evidente. O devedor possui, apenas, a faculdade de substituir o objeto da

---

[339] *Recht der Schuldverhältnisse*, p. 45.
[340] Palandt-Danckelmann, *Kommentar*, p. 216.

prestação. Não lhe é aplicável o dispositivo referente à escolha nas obrigações alternativas.

Por sua vez, o exercício da faculdade de substituição não se situa no plano do desenvolvimento da obrigação, mas no do adimplemento. Constitui, aliás, início de cumprimento da dívida. Como privilégio do devedor,[341] a impossibilidade da prestação substitutiva não interfere no processo da obrigação; a impossibilidade da prestação devida, por sua vez, extingue o vínculo, não cabendo ao credor, portanto, pretensão a haver a prestação suscetível de substituição, acaso ainda existente.

A extinção da obrigação devida, conseqüentemente, atinge a prestação substituível.

Obrigações duradouras

O nosso Código Civil não disciplinou as obrigações duradouras, embora a doutrina se tenha preocupado com o seu conceito.

Existem certas obrigações nas quais o adimplemento sempre se renova sem que se manifeste alteração no débito. Essas obrigações são mais ricas numa dimensão: no tempo, no elemento duradouro, que se relaciona com a essência do dever de prestação. As relações obrigacionais simples vivem desde a conclusão do negócio jurídico até o adimplemento; as duradouras são adimplidas permanentemente e assim perduram sem que seja modificado o conteúdo do dever de prestação, até o seu término pelo decurso do prazo, ou pela denúncia.[342]

Admite-se, sem discrepância, que o processo desse tipo de obrigação se manifesta de modo diverso das que surgem das denominadas "vendas a prestação". Cuida-se, nesta última hipótese, de mera divisão da prestação do preço. Cada uma das prestações que se solve determina extinção parcial do débito. Nesse ponto, precisamente, manifesta-se o discrime fundamental, pois nas obrigações duradouras, enquanto não vencido o prazo, ou resilido por denúncia, o dever de prestação permanece sem modificação em seu conteúdo.

O seu processo apresenta, assim, característica própria e inconfundível: a implicação entre dívida e adimplemento revela-se de modo diverso do que comumente sucede, havendo motivo para tratamento específico.

---

[341] Esser, *Schuldrecht*, p. 149.
[342] Esser, *Schuldrecht*, p. 62.

Obrigação duradoura e divisibilidade

O desenvolvimento do vínculo jurídico das obrigações duradouras não deve ser confundido com o das divisíveis, ou melhor, com o das obrigações com prestação divisível. Que o adimplemento possa ser realizado em partes, não cabe dúvida. Por igual que esse adimplemento, em frações, possa durar muito tempo até a satisfação integral da dívida, é realidade de todos os dias.

O que caracteriza a obrigação duradoura não é, propriamente, a circunstância de que ela, necessariamente, deva vigorar por maior período de tempo do que qualquer outra. Quem contrata empréstimo, para solvê-lo, em partes, no período de 10, 20, 30 ou mesmo 50 anos, não contraiu obrigação duradoura, no sentido técnico do termo.

Do exemplo ressalta que não é somente a duração no tempo que caracteriza essas dívidas. A inserção do tempo na essência da obrigação significa que, embora haja sucedido solução – pois caso contrário poderia o credor exigi-la –, o débito permanece íntegro.

Afirma-se, contudo, que, depois de adimplido, na fluência certamente do prazo, o débito se renova. Talvez esta afirmação não seja feliz. O mais exato será dizer que o débito é o mesmo em novo momento temporal.

A obrigação duradoura, como processo, tem início e fim, mas o adimplemento, que se manifesta no período intermístico, não modifica o débito, mas apenas impede que o credor exija o que foi adimplido e que já pertence ao passado. Esse tipo de inserção do tempo na essência do vínculo não se manifesta nas obrigações com prestação divisível.

O processo de desenvolvimento da dívida com prestação divisível não oferece maior dificuldade. O débito se extinguirá por partes, restando, após o adimplemento de uma fração, o "saldo", que poderá ser exigido, se se manifestar infração contratual, ou mora.

Obrigações duradouras e obrigações reiteradas

Em algumas hipóteses, a distinção entre dívidas duradouras e simples, ainda que com prestação divisível, não se apresentará sem dificuldade. Pontes de Miranda entende que, na locação, a prestação do locador de coisas é duradoura; a do locatário, reiterada. E afirma que existe ainda distinção entre as duradouras e reiteradas porque nestas o prestado se repete, se pluraliza, como se fosse uma pulsação.[343] O discrime, entretanto, tal como foi proposto, parece ser meramente externo.

---

[343] *Tratado*, v. 22, p. 62.

Realmente, não se manifesta diferença essencial entre a prestação do locador e a do locatário, de modo que se possa considerar esta última diversa da anterior. A distinção entre obrigação duradoura e reiterada (*Wiederkehrschuldverhältnis*) tem outra causa.

A obrigação duradoura supõe sempre um contrato unitário, do qual ela promana.

A dogmática, por sua vez, reconhece a existência de certos negócios jurídicos, denominados "contratos-base", que comandam o nascimento de outros contratos. A relação entre o primeiro e os demais pode possuir intensidade variável. É exemplo dessa categoria o *tying contract*, pelo qual alguém se obriga a comprar (por exemplo, peças para substituição na máquina adquirida) de quem a vendeu. O contrato de compra pode fixar todas as cláusulas do contrato futuro ou somente algumas. De modo geral, o "contrato-base" confere aos figurantes a faculdade de, por seu líbito, no futuro, concluir novos contratos.[344] No comércio internacional, sobretudo, manifestam-se esses contratos no referente à reposição de peças, ajuda técnica etc.

Ainda que o interessado se dirija mensalmente à companhia fornecedora do objeto de que necessita, não estará adimplindo obrigação duradoura; terá, em cada vez, realizado um novo negócio jurídico e adimplido nova obrigação.

Obrigações duradouras em sentido próprio

Entre as obrigações duradouras em sentido próprio admite-se, em geral, possam ser incluídas as que nascem da locação, do arrendamento, do comodato, do depósito, do contrato de trabalho e de sociedade. Uma das características desse tipo de vínculo é a maior consideração à pessoa, partícipe do vínculo, com maior intensidade de deveres, resultantes da concreção do princípio da boa-fé.

O desenvolvimento do processo, como se aludiu, findará com o transcurso do prazo ou com a denúncia.

Denomina-se "denúncia" o direito formativo extintivo que pode ser exercido no curso do prazo, desde que motivadamente, conforme o que foi estabelecido contratualmente; ou mesmo, ao líbito das partes, se o negócio jurídico não tiver prazo determinado e se não houver lei que impeça a utiliza-

---

[344] Esser, *Schuldrecht*, p. 63.

ção imotivada do direito de denúncia. Este direito é específico das obrigações duradouras e não se confunde com o de resolução ou de impugnação. Opera-se, com seu exercício, a resilição e extingue-se *ex nunc* a dívida.[345]

Entre nós, a edição de leis emergenciais – que prorrogam a locação e fixam hipóteses taxativas em que se pode exercer o direito de denúncia – impediu, em muitos casos, que a jurisprudência pudesse atentar para aspectos emergentes da conduta dos figurantes. Certos exercícios abusivos de direitos – como o do locatário que costumeiramente deixa de solver sua prestação, obrigando o locador a propor sucessivas ações de despejo, com purgações indefinidas de mora – ficaram à margem do corretivo jurisdicional, por reação legislativa a arestos que condenavam esse procedimento.

Obrigação duradoura e impossibilidade

A impossibilidade nas obrigações duradouras acarreta, se prévia, a nulidade do contrato; se superveniente, no período em que já se está adimplindo, a liberação do devedor a partir do momento em que se verifica a impossibilidade.

Uma vez que as obrigações duradouras podem consistir em deveres de fazer ou de não fazer, de dar ou de restituir, o tratamento das hipóteses obedecerá às regras já examinadas quando versamos o desenvolvimento daquelas espécies de obrigações compatíveis com as características definidoras deste tipo de obrigação.

---

[345] Esser, *Schuldrecht*, p. 65.

Conclusões

I. A obrigação é um processo, vale dizer, dirige-se ao adimplemento, para satisfazer o interesse do credor. A relação jurídica, como um todo, é um sistema de processos.

Não seria possível definir a obrigação como ser dinâmico se não existisse separação entre o plano do nascimento e desenvolvimento e o plano do adimplemento. A distância que se manifesta, no mundo do pensamento, entre esses dois atos, e a relação funcional entre eles existentes, é que permite definir-se a obrigação como o fizemos.

O sistema do Código Civil brasileiro foi construído com base nessa separação de fases e dimensões; na hipótese de transferência de direito de propriedade, por ser a *solutio*, entre nós, causal, permite que se considere a obrigação como processo, de modo adequado ao significado deste termo nas demais ciências sociais.

II. Para que se considerasse a obrigação como processo, havia necessidade de examinarem-se as dimensões em que se desenvolve o vínculo e a distância (não confundir com a distância meramente externa) existente entre o ato de nascimento e o ato de adimplemento. Ambos os atos podem inserir-se dentro de uma dimensão somente, como sucede com o desenvolvimento e adimplemento da obrigação de fazer, salvo em se tratando de pré-contrato de transferência de propriedade. Quando se cuida de obrigação de dar, de transferir direitos de propriedade, o ato de adimplemento se localiza na dimensão dos direitos reais.

III. Não tem maior veracidade científica a afirmativa de que ainda na fase de desenvolvimento da dívida se manifestem efeitos de direito real. As hipóteses mais em evidência, como o arrendamento e a locação, ou mesmo o pré-contrato registrado (embora a jurisprudência dominante seja em sentido oposto quanto ao último), não autorizam concluir-se pela eficácia de direito real do vínculo obrigacional, em face do princípio da separação de planos.

IV. Ao definir-se a obrigação como processo, o princípio da separação de planos tornou-se fundamental, integrando, juntamente com os princípios da autonomia e da boa-fé, o capítulo primeiro.

Ao contrário das definições correntes de direito das obrigações e direito de propriedade, o discrime básico – obrigação/propriedade – adquire a categoria de dimensão em que se situam os atos jurídicos, na esteira, aliás, do pensamento de Savigny. A separação de planos é, contudo, em nosso direito, meramente relativa, pois a transmissão da propriedade é causal.

V. A intensidade do desenvolvimento da dívida está em relação com os elementos que a estruturam, débito e responsabilidade, aos quais correspondem, respectivamente, a prestação primária e a secundária. Existe na obrigação perfeita a faculdade de exigir uma ou outra, vale dizer, de exigir o adimplemento específico ou perdas e danos. Algumas obrigações de fazer, entretanto, têm peculiaridade no *iter* do desenvolvimento da obrigação.

A obrigação tende à realização da prestação primária, que corresponde, nos atos negociais, ao conteúdo da declaração de vontade. Facultou-se, nas obrigações de dar, e em certas obrigações de fazer, exigir-se, processualmente, a pretensão à prestação primária. Em todas as obrigações perfeitas, caberá, na hipótese de descumprimento, se não se houver ou se não for possível utilizar-se a pretensão à prestação primária, perdas e danos.

VI. Obrigação é conceito finalístico; dirige-se, sempre, ao adimplemento ou à satisfação do interesse do credor.

O "programa da obrigação", por vezes, está predeterminado na declaração de vontade; em outras, contudo, a finalidade não se insere na vontade. Tais os efeitos decorrentes dos atos ilícitos, que não apenas não se comensuram à vontade, como também a ela são reagentes.

Não descaracteriza o aspecto finalístico de polarização ao adimplemento a circunstância de existirem deveres que não admitam execução específica ou perdas e danos pelo inadimplemento, como as "obrigações naturais". Cogita-se, no caso, de inexistência de pretensão, isto é, da impossibilidade de exigir-se o desenvolvimento da dívida, o que não significa dizer que a obrigação não esteja polarizada pelo adimplemento.

VII. É fundamental, para que se possa adimplir, a determinação do que se deva prestar. O princípio da determinação, nas hipóteses de obrigação de dar, incide no plano de desenvolvimento da dívida: sucede, assim, nas obrigações genéricas e alternativas. O nosso Código Civil construiu com simetria o desenvolvimento das obrigações genéricas e alternativas, localizando-se a concretização e a concentração no plano do nascimento e desenvolvimento da relação obrigacional. Nas obrigações com faculdade de substituição, o ato com o qual se substitui um objeto da prestação por outro se situa, acertadamente, no plano do adimplemento.

E o acerto da solução deriva da circunstância de que o objeto ou bem substituível não pertence, em princípio, ao desenvolvimento da dívida, mas ao adimplemento. No momento em que se deve prestar, faculta-se, nesse tipo de dívida, a substituição da *res debita* por outra.

VIII. Para versar o conceito de obrigação como processo, supõe-se a teoria do nascimento dos deveres, a que se ligam, indissociavelmente, o desenvolvimento e o adimplemento. Por esse motivo, houve necessidade de examinar-se a teoria das fontes, que, por seu turno, está vinculada aos princípios que regem os deveres e as obrigações. A principal transformação ocorrente na teoria das fontes é a existência de deveres resultantes da concreção do princípio da boa-fé.

Da concreção deste princípio resultam novos deveres que não têm seu fundamento na autonomia da vontade. Implica, portanto, alterar o desenvolvimento, como tradicionalmente se entendia, do processo da obrigação. Visa-se, mediante o princípio da boa-fé, instaurar uma ordem de cooperação entre os figurantes da relação jurídica. Esses deveres podem perdurar ainda depois de adimplido o crédito principal. O problema, em si, não é novo, pois já existia com as denominadas obrigações de garantia por vícios redibitórios e evicção. A doutrina, contudo, não o examinara, entre nós, mais detidamente.

O princípio da boa-fé exige maior consideração aos partícipes do vínculo, às suas necessidades e interesses, o que permite definir-se o fato jurídico *lato sensu* como o fez o prof. Ruy Cirne Lima: "Fato jurídico não é, portanto, o contrato, de conclusão instantânea; mas os contratantes, o objeto do contrato, o contrato mesmo, e a própria coletividade social, a que aqueles pertencem. O todo condicionará a relação jurídica que, graças a essa conjunção, virá a surgir e a perdurar."[346]

IX. Por fim, essas são as idéias gerais que nortearam e se concluem do presente trabalho; quanto às conclusões específicas, poderão ser encontradas no contexto de cada capítulo.

---

[346] *Sistema de direito administrativo*, 1953, p. 228.

Bibliografia

ALVIM, Agostinho. *Da compra e venda e da troca*. Rio de Janeiro: Forense, 1961.

AZEVEDO, Philadelpho. *Revista Jurídica*, v. 14, p. 233 e segs.

BARASSI, Ludovico. *Teoria generale delle obbligazioni*. Milan: 1949. v. I e II.

_____. *Diritto reali e possesso*. Milan: 1952. v. I.

BÄRMANN, Johannes. "Pacta sunt servanda": considérations sur l'histoire du contrat consensuel. *Revue Internationale de Droit Comparé*, Paris, SLC, n. 1, p. 18-53, jan.-mar. 1961.

BARROS, Pereira. *Apontamentos de direito financeiro brasileiro*. 1855.

BESELER, Georg. Beiträge zur Kritik der römischen Rechtsquellen. *Archiv für die civilistische Praxis*, Tübingen, Mohr, v. 154, 1920, v. IV.

BESSONE, Darcy. *Compra e venda, promessa e reserva de domínio*. São Paulo: 1960.

BETTI, Emilio. *Teoria generale del negozio giuridico*. Milano: Giuffrè, 1952.

_____. *Teoria generale delle obbligazioni*. Milano: Giuffrè, 1953. v. I.

BEVILAQUA, Clóvis. *Direito das obrigações*. 3. ed. Rio de Janeiro: Freitas Bastos, 1931.

BISCARDI, Arnaldo. *Processo romano*. 1963.

BRANDT. *Eigentumserwerb und Austauschgeschäft*.

BRINZ, Alois von. *Lehrbuch der Pandekten*. 2. ed. Erlangen: Deichert, 1879. v. II.

BROGGINI, Gerardo. Die Maxime "iura novit curia" und das ausländische Recht. *Archiv für die civilistische Praxis*, Tübingen, Mohr, v. 155, 1956.

_____. *Iudex arbiterve. Prolegomena zum Officium des römischen Privatrichters*. Düsseldorf: Böhlau, 1957.

BRUGGER. *Philosophisches Wörterbuch*. 1953.

CALASSO, Francesco. *Il negozio giuridico. Lezioni di storia del diritto italiano*. 2. ed. Milano: Giuffrè, 1959.

COHN, Georg. Zur Lehre von Wesen der abstrakten Geschäfte. *Archiv für die civilistische Praxis*, Tübingen, Mohr, v. 154, 1955.

COING, Helmut. *Grundzüge der Rechtsphilosophie*. 1950.

_____. *Zur Geschichte des Privatrechtssystems*. Frankfurt am Main: Klostermann, 1962.

CROME, Carl. *Lehrbuch des Bürgerlichen Rechts*. Tübingen: Mohr, 1902. v. I e II.

DANTAS, San Tiago. *Problemas de direito positivo. Estudos e pareceres*. Rio de Janeiro: Forense, 1953.

DILCHER. Der Zugang der Willenserklärung. *Archiv für die civilistische Praxis*, Tübingen, Mohr, v. 154, 1955.

DULCKEIT, Gerhard. *Die Verdinglichung obligatorischer Rechte*. 1951.

DU CANGE. *Glossarium ad scriptores mediae et infimae latinitatis*. 1773. v. III.

ENDEMANN. *Lehrbuch des bürgerlichen Rechts*. 1903. v. I.

ENGISCH, Karl. *Einführung in das juristische Denken*. Stuttgart: Kohlhammer, 1956.

ENNECCERUS, Ludwig; LEHMANN, Heinrich. *Lehrbuch des Bürgerlichen Rechts*. 15. ed. Tübingen: 1958. v. II.

_____; NIPPERDEY, Hans C. *Lehrbuch des Bürgerlichen Rechts*. 15. ed. Tübingen: 1960. v. I e II.

ESSER, Josef. Elementi di diritto naturale nel pensiero giuridico dogmático. *Nuova Rivista di Diritto Comerciale*, v. V, 1952.

_____. *Grundsatz und Norm in der richterlichen Fortbildung des Privatrechts*. Tübingen: Mohr, 1956.

_____. *Schuldrecht*. Karlsruhe: 1960.

FALCK. *Das Geld und seine Sonderstellung im Sachenrecht*. 1960.

FLUME, Werner. *Allgemeiner Teil des Bürgerlichen Rechts*. Berlim: Springer, 1965. v. II: *Das Rechtsgeschäft*.

FORSTHOFF, Ernst. *Lehrbuch des Verwaltungsrechts*. 2. ed. München: Beck. 1958. v. I.

GIACOMMETTI, Z. *Grenzziehung zwischen Zivilrechts- und Verwaltungsrechtsinstituten*. 1924.

GIERKE, Otto von. *Das deutsche Genossenschaftsrecht*. 1868-1881. Graz: Akademische Druck-und Verlagsanstalt, 1954. v. II.

GOMES, Orlando. *Obrigações*. Rio de Janeiro: Forense, 1961.

HECK, Philipp. *Grundriâ des Schuldrechts*. Aalen: Scientia, 1974.

HÜCK, Alfred. *Der Treugedanke im modernen Privatrecht*. 1947.

ISELE. Fünfzig Jahre BGB. *Archiv für die civilistische Praxis*, Tübingen, Mohr, v. 150, 1951.

JÄGER, Hasso. Justinien et l´"episcopalis audientia". *Revue Historique de Droit Français et Étranger*, 1960.

JHERING, Rudolf von. *Jahrbücher für die Dogmatik des heutigen römischen und deutschen Privatrechts*, v. 18. (Ensaio.)

KASER, Max. "Restituere" als Prozessgegenstand. 1932.

_____. Das Geld im Sachenrecht. *Archiv für die civilistische Praxis*, Tübingen, Mohr, v. 143, n. 1, p. 1-27, 1944.

_____. *Das altrömische Ius*. 1949.

_____. *Das römische Privatrecht*. München: Beck, 1955. v. I.

KORMANN. *System der rechtsgeschäftlichen Staatsakte*. 1962.

KRAUSE. Das Einigungsprinzip und die Neugestaltung des Sachenrechts. *Archiv für die civilistische Praxis*, Tübingen, Mohr, v. 145, 1946.

KÜHNE. Versprechen und Gegenstand. *Archiv für die civilistische Praxis*, Tübingen, Mohr, v. 140, 1941.

KUNKEL, Wolfgang; JÖRS. *Römisches Recht*.

LANGE, Hermann. Rechtsgrundabhängigkeit der Verfügung im Boden-und Fahrnisrecht. *Archiv für die civilistische Praxis*, Tübingen, Mohr, v. 145, 1946.

_____. *Schadensersatz und Privatstrafe in der mittelalterlichen Rechtstheorie*. Münster: Böhlau, 1955.

LARENZ, Karl. *Geschäftsgrundlage und Vertragserfüllung*. Berlin: 1957.

_____. *Methodenlehre der Rechtswissenschaft*. Berlin: Springer, 1960.

_____. *Lehrbuch des Schuldrechts*. München: Beck, 1962. v. I e II.

_____. Fall-Norm-Typus. In: *Festgabe für Hermann und Marie Glockner*. 1966.

LEHMANN, Heinrich. *Allgemeiner Teil des Bürgerlichen Gesetzbuches*. 1962.

LEHNICH, O. *Die Wettbewerbsbeschränkung*. 1956.

LENEL, Otto. Die Lehre von Voraussetzung. *Archiv für die civilistische Praxis*, Tübingen, Mohr, v. 74, 1875.

LIMA, Ruy. Cirne. *Sistema de direito administrativo brasileiro*. Porto Alegre: Santa Maria, 1953.

LOEBER, Dietrich A. *Der hoheitlich gestaltete Vertrag*. Berlin; Mohr (Siebeck), 1969.

MAZEAUD, Léon; MAZEAUD, Henri; TUNC, André. *Traité théorique et pratique de la responsabilité civile délictuelle et contractuelle*. 5. ed. Paris: Montchrestien, 1957. v. I.

MENDONÇA, Manuel Inácio Carvalho de. *Doutrina e prática das obrigações, ou tratado dos direitos de crédito*. 4. ed. Rio de Janeiro: 1956, v. I.

MESSNER, Johannes. *Das Naturrecht*. 1958.

MIRANDA, Francisco Cavalcanti. Pontes de. *Tratado de direito privado*. Rio de Janeiro: Borsoi, 1954-1969. v. I, III, IV, XXII e XXXIX.

MITTEIS, Heinrich. *Deutsches Privatrecht. Ein Studienbuch*. 2. ed. München: Beck, 1953.

MONTEIRO, Washington de Barros. *Curso de direito civil*. 1956.

NONATO, Orosimbo. *Curso de obrigações*. Rio de Janeiro: Forense, 1959. v. I.

NUÑEZ LAGOS, Rafael. *Tercero y fraude en el registro de la propiedad*. 1950.

OERTMANN, Paul. Anfängliches Unvermögen. *Archiv für die civilistische Praxis*, Tübingen, Mohr, v. 140, 1941.

PALANDT; DANCKELMANN; GRAMM et al. *Kommentar zum Bürgerlichen Gesetzbuch*. 1962.

PEREIRA, Caio Mário da Silva. *Instituições de direito civil*. Rio de Janeiro: Forense, 1962. v. II.

PERNICE, L. A. A. *Marcus Antistius Labeo. Das römische Privatrecht im ersten Jahrhundert der Kaiserzeit*. 1873. v. I.

PETER, H. *Actio und Writ*. 1957.

PLANCK, Gottlieb. *Kommentar zum Bürgerlichen Gesetzbuch*. 3. ed. Berlin: Guttentag, 1907. v. II.

RAAP, L. Zustimmung und Verfügung. *Archiv für die civilistische Praxis*, Tübingen, Mohr, v. 121, 1922.

RAISER, Ludwig. *Die Zukunft des Privatrechts*. Berlin, 1971.

REALE, Miguel. *O direito como experiência*. São Paulo: Saraiva, 1968.

REGELSBERGER. Die Tragung der Gefahr bei Genuskauf. *Archiv für die civilistische Praxis*, Tübingen, Mohr, v. 49, 1850.

REUSS, K. F. Die Intensitätsstufen der Abrede und die "gentlemen agreement".

Archiv für die civilistische Praxis, Tübingen, Mohr, v. 154, 1955.

RIEZLER, Erwin. Der totgesagte Positivismus. In: *Festschrift für Fritz Schulz*. 1951.

RÖMER. Beiträge zur Lehre von der Erfüllung der Obligation nach gemeinen Recht, mit besonderer Berücksichtigung der Beweislast. *Zeitschrift für das Gesammte Handelsrecht*, v. 21.

SANTOS, João Manuel de. Carvalho. *Comentários ao Código Civil*. Rio de Janeiro: Freitas Bastos, 1936. v. XV.

SAVIGNY, Friedrich Carl von. *System des heutigen Römischen Rechts*. Berlin: 1840. v. III.

_____. *Das Obligationenrecht als Theil des heutigen Römischen Rechts*. Berlin, 1851. v. I.

SCHMIDT, Reimer. *Die Obliegenheiten*. Karlsruhe: Versicherungswirtschaft, 1953.

SCHULZ, Fritz. *Principles of Roman Law*. Oxford: Clarendon, 1936.

_____. *Geschichte der römischen Rechtswissenschaft*. 1961.

SCHWARZ, Fritz. *Die Grundlage der condictio im klassischen Römischen Recht*. Münster: Böhlau, 1952.

SECKEL, Emil. *Die Gestaltungsrechte der Bürgerlichen Rechts*. 1952.

SEÉ, Henri. *Die Ursprünge des modernen Kapitalismus*. 1947.

SIEBERT, Wolfgang. *Treu und Glauben. Erläuterungen zu §242 BGB*. Stuttgart: Kohlhammer, 1959.

SIMITIS. Bemerkungen zur rechtlichen Sonderstellung des Geldes. *Archiv für die civilistische Praxis*, Tübingen, Mohr, v. 159, 1960.

SIMONE, Mario de. *I negozi irregolari*. 1952.

SOKOLOWSKI, Paul. *Die Philosophie im Privatrecht*. 1907-1959. v. I.

SÖLLNER, Alfred. *Die causa im Kondiktionen- und Vertragsrecht des Mittelalters bei den Glossatoren, Kommentatoren und Kanonisten*. Frankfurt am Main, 1958.

SOUZA NETO, José Soriano de. *Pareceres*. 1943.

STAUDINGER; COING; OSTLER; WEBER. *Kommentar zum Bürgerlichen Gesetzbuch*. 11. ed. Berlin: Schweitzer, 1955-1961. v. I e II.

SUESS. Das Traditionsprinzip: Ein Atavismus des Sachenrechts. In: *Festschrift für Martin Wolff*. 1952.

TITZE, Heinrich. *Bürgerliches Recht: Recht der Schuldverhältnisse*. 4. ed. Berlin: Springer, 1948.

TRENDELENBURG. *Naturrecht.* 1868.

VIEHWEG, Theodor. *Topik und Jurisprudenz.* 2. ed. München: Beck, 1963.

WALDE; HOFFMANN. *Lateinisches Etymologisches Wörterbuch.* 1954. v. II.

WALINE, Marcel. *L´individualisme et le droit.* Paris: Domat-Montchrestien, 1945.

WEBER, Max. *Wirtschaft und Gesellschaft.* Tübingen: 1947. v. I.

WENDT, Otto. Unterlassungen und Versäumnisse. *Archiv für die civilistische Praxis*, Tübingen, Mohr, v. 92, 1893.

WIEACKER, Franz. *Zum System des deutschen Vermögensrechts.* 1941.

_____. *Gesetz und Richterkunst.* Karlsruhe: 1958.

WIESE, Leopold von. *System der allgemeinen Soziologie.* 1933.

WILL, Michael R. *Resale price maintenance.* 1961.

WINDSCHEID, Bernhard. *Die "actio" des römischen Civilrechts vom Standpunkte des heutigen Rechts.* 1856.

_____. *Lehrbuch des Pandektenrechts.* 7. ed. 1891. v. II.

_____. *Lehrbuch des Pandektenrechts.* 9. ed. Frankfurt am Main: Rütten & Löning, 1906. v. II.

WOLFF; BACHOF. *Verwaltungsrecht.* 1974. v. I.

ZEPOS, Panagiotes Ioannes. Zu einer "gestalttheoretischen" Auffassung. *Archiv für die civilistische Praxis*, Tübingen, Mohr, v. 155, 1956.